AF403320

Le Vatican au-delà du Tibre et hors de Rome.

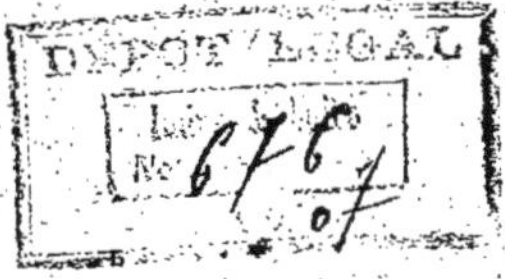

LA VÉRITÉ
sur le VATICAN

PALAIS ET CAVERNE [1]

Rome !

L'Église de Rome ! Les papes de Rome ! La grandeur et la puissance de Rome !... Nous disions cela aux jours pitoyables de Sarto et de Monta-

[1] A consulter : *Roma antica*, par Nardini ; *Saint Paul*, par Ernest Renan ; *la Gerarchia cattolica*, *la Cappella e la Famiglia pontificia per l'anno 1907 con appendice (Edizione ufficiale)*, éditée par l'Imprimerie Vaticane ; *An-*

gnini, comme les croyants le dirent aux siècles glorieux de Grégoire VII ou de Sixte-Quint. La crédulité remplaçait la foi.

*
* *

Le Vatican, ce n'est point Rome !

Mais, s'écriait naguère quelqu'un devant nous, les hommes passeront donc toujours sans regarder ! Leur Rome papale, voyez-la bien, là-bas ! Voyez leur Saint-Pierre, avec le palais du Vatican accroché au flanc du colosse, tout là-bas, derrière les arbres du jardin Corsini, hors de la ville, hors du mouvement, du travail et de la vie de la cité moderne !...

C'était lors des manifestations qui suivirent, il y a deux ans, le Congrès de la Libre Pensée, à Rome. Nous nous trouvions réunis sur les hauteurs majestueuses du Janicule, devant la statue de Garibaldi. En montant les pentes de l'Acqua Paola et de la villa Corsini, nous avions pris pour guides, d'autorité reconnue, le professeur Sergi et quel-

nuaire *pontifical catholique*, par Mgr Albert Battandier, protonotaire apostolique, collection de 1898 à 1907 ; *Analecta ecclesiastica*, publiés par Mgr Cadène ; *Index librorum prohibitorum Leonis XIII auctoritate recognitus, Pie X jussu editus*, édité par l'Imprimerie Vaticane ; *Liber Pontificalis*, édition de Mgr Duchesne ; *Rome*, par Émile Zola ; *Paroles françaises et romaines*, par Jean de Bonnefon, collection de 1904, 1905, 1906 ; *la Ménagerie du Vatican*, par le même ; *le Gouvernement de l'Église, le Vatican, les palais apostoliques, congrégations, secrétaireries, bibliothèques*, par Goyau, Pérate et Fabre ; *la Religion d'Israël, l'Évangile et l'Église, Études évangéliques, Autour d'un petit livre, le Quatrième Évangile*, par l'abbé Loisy.

ques autres amis italiens. Ils nous montrèrent, en des gestes nobles qui partageaient l'horizon aux brumes roses, les sept collines de la ville éternelle :

— ... Très loin, en face, les terrasses du Pincio, dont les feuillages s'empourprent au soleil de septembre ; à droite, le Quirinal, avec son massif palais royal, troué de sombres fenêtres ainsi qu'une caserne, et, plus près, le Viminal aux blanchâtres entassements de bâtisses nouvelles, et, plus près encore, l'Esquilin, que fait émerger à peine le double dôme de Sainte-Marie-Majeure ; puis le Coelius, le mont Aventin, dont les arbustes grêles, aux branchages en haillons, semblent implorer du Tibre proche quelque fraîcheur, comme jadis la plèbe réfugiée là mendia un peu de pain de la pitié des consuls ; ici, à nos pieds, le Palatin qui dresse ses ruines tragiques, frangées de noirs cyprès, en mausolée des grandeurs ensevelies, et aussi, par un contraste de mort et de vie qui est le caractère propre de Rome, le centre de la ville remuante, grouillante, la ligne nette de la via Nazionale, du Corso Vittorio-Emanuele et du Corso Umberto...

— C'est un merveilleux spectacle dans le déclin du jour, remarquai-je, et les noms de ces lieux portent en eux-mêmes la magie des plus beaux souvenirs. Mais le regard, en suivant la ligne du Corso, ne rencontre-t-il pas le farouche château Saint-Ange, puis le dôme de Saint-Pierre ?

— Oui, si vous franchissez le Tibre, à gauche.

— Ces masses noires, en vérité, rompent le charme ; elles écrasent, brisent les grandes et douces émotions que nous donna la vue de Rome.

- Parce que vous ne savez point voir comme

nous, Romains !... Notre Rome finit au ruban fripé du vieux Tibre. Les ondulations des sept collines viennent mourir dans ses eaux bourbeuses. Par delà, c'est le Vatican, c'est l'Église que l'agitation de la cité, depuis des siècles, a repoussée au loin, le plus loin possible... Regardez donc bien cet isolement du Vatican, entre le Transtevère et la campagne romaine. Il est vraiment hors de Rome, jeté comme un roc que charrièrent les générations, et abandonné là. Non, non, le Vatican n'est point dans Rome ! Le Vatican, ce n'est pas Rome !

*
* *

Le Ghetto du Transtevère.

Je me souviens, en effet, de ce que furent le Transtevère et le mont Vatican, déjà, aux origines chrétiennes, vers le milieu du premier siècle. La *Ripa* ou rive du Tibre, du côté opposé à la ville, était le quartier des Juifs, sale, misérable, tenu pour abject et inaccessible aux Romains. Pompée y avait débarqué ses prisonniers de guerre, amenés de la Judée et de la Syrie, et les avait laissés pulluler, croupir là dans la fange.

« La première colonie, dit Renan, avait été renforcée de nombreux émigrants. Ces pauvres gens débarquaient par centaines à la *Ripa*, et vivaient entre eux, dans le quartier adjacent du Transtevère, servant de portefaix, faisant le petit commerce, échangeant des allumettes contre des verres cassés et offrant aux fières populations italiotes un type qui, plus tard, devait leur être trop familier, celui du mendiant consommé dans son art. Un Romain qui se respectait ne mettait jamais le pied dans ces quartiers abjects. C'était comme une banlieue sacrifiée à des classes méprisées et à des besognes infectes ; les tanneries, les boyauderies, les pourrissoirs y étaient relégués. Aussi, les malheureux vivaient-ils assez tranquilles, dans ce coin perdu, au milieu des ballots de marchandises, des auberges infimes et des porteurs de litière (*Syri*), qui avaient là leur quartier général. La police n'y entrait que quand les rixes étaient sanglantes ou se répétaient trop souvent (1). »

C'est dans ce refuge ancien des Juifs que fut établie la première secte chrétienne. Des portefaix syriens parlèrent d'un certain Chrestos ou Christ, qui annonçait le royaume de Dieu, c'est-à-dire le bonheur sur la terre. Ils voulurent répandre la foi nouvelle en ce Messie. Les Juifs, fidèles à la Loi, provoquèrent des manifestations tumultueuses, comme ils faisaient partout en Asie, contre les disciples de Chrestos. Il y eut des violences, des coups, des rixes multipliées. La police dut intervenir et, finalement, l'empereur Claude, au dire de Suétone, « chassa de Rome les Juifs qui se livraient à de fréquents tumultes sous l'impulsion de Chrestos (2). »

« Les orgueilleux patriciens qui, en leurs promenades sur l'Aventin, jetaient les yeux de l'autre côté du Tibre, ne se doutaient pas, écrit encore Renan, que l'avenir se préparait dans ce tas de pauvres maisons, au pied du Janicule (3). »

Car Juifs et chrétiens confondus ne tardèrent

(1) Renan, *Saint Paul*.
(2) Suétone, *Claude*, 25. Voir aussi *Actes des Apôtres*, XVIII, 2.
(3) Renan, *Saint Paul*.

pas à regagner leurs bouges du Transtevere, par tolérance de la police. Et une pieuse légende se forma. Dans une basse taverne, le tenancier, pour attirer les badauds, avait simulé une source d'huile qui sortait d'un roc. C'était un prodige. Les Syriens, partisans de Chrestos, affirmèrent que cette source avait miraculeusement jailli au moment de la naissance de leur Messie. On les crut, et, plus tard, une église fut bâtie sur l'emplacement même de la *Taberna* (1). L'imposture et la crédulité chrétienne s'établirent ainsi dans l'ignoble ghetto qui rejoignait le Transtevere au mont Vatican, en jetant ses immondices au Tibre, sali et déshonoré, en dehors de Rome.

**

Hors de Rome et du monde.

Le soir même, je confiais ces impressions et rappelais ces souvenirs à un ami de mes années de Sorbonne, aujourd'hui professeur de l'Université, que la préparation d'une thèse de doctorat avait mis, à la bibliothèque du Vatican, en rapport avec quelques prêtres sceptiques et distingués.

— Sans doute, fit-il, la carte de nos Bædeker montre que, topographiquement, le Vatican est rejeté hors de Rome, et l'histoire des origines chrétiennes atteste que l'Église n'eut d'abord pour refuge, hors du monde romain, qu'une juiverie méprisée des bords du Tibre, parmi les disputes de

(1) Nardini, *Roma antica*, III; Orose, VI; Renan, *Saint Paul*.

mendiants, les rixes de portefaix et les miracles d'aubergistes. Cela, pourtant, n'est rien, cet éloignement, cette répulsion géographique et historique, si l'on considère combien la papauté est encore plus séparée de Rome, du monde romain nouveau, de toutes les nations modernes et de leur vitalité, par une effroyable déchéance intellectuelle et morale... Oui, hors de Rome et du monde !

Et il nous conta de fort curieuses histoires :

— ... Je tiens mes renseignements, déclara-t-il, d'une haute autorité ecclésiastique, de certain fin prélat qui est le premier à en rire, — faut-il autrement le désigner ? — de Mgr Duchesne lui-même, l'ancien professeur de l'École des Hautes-Études, à la Sorbonne, et de l'Institut catholique de Paris, maintenant directeur de notre École française de Rome, au palais Farnèse... Votre Congrès de la Libre Pensée ! Mais, vous-mêmes, les meneurs de l'entreprise, l'auriez-vous imaginé si redoutable ? Le pape Pie X en a eu, depuis un mois, une épouvante singulière. Ce pauvre curé de la campagne vénitienne ignore ce que peuvent représenter les noms de Berthelot, de Haeckel, de Sergi. Il sait seulement que les libres penseurs sont des anarchistes, des apaches, des mangeurs de prêtres et des porteurs de bombes. Il a donc pris ses précautions. Une revue a été passée, par le comte Pecci, de la garde du Vatican, qui a sorti ses hallebardes rouillées. Le rapport du comte n'a, sans doute, pas donné une entière tranquillité au Saint-Père, car le pauvre homme a fait demander au roi, par la dévote reine-mère, une garde discrète de bersaglieri, consignée dans une caserne, au bout du télégraphe du Vatican...

— Le pape a donc demandé la protection de

l'envahisseur de Rome, sacrilège, excommunié?

— Il le fallait bien, puisque c'est lui qui dispose des bersaglieri. Sa Sainteté ne voudrait pas, pour un anathème, se laisser assommer, brûler ou pendre.

— C'est bien, en effet, dans un tel dessein que le vieil Haeckel est venu à Rome, et nous tous à sa suite!

— Pie X le croit aussi fermement qu'il est infaillible... Avez-vous vu le Vatican ces derniers jours? Tout y est formidablement clos. Monseigneur Duchesne m'a conté que les serrures, aux portes de bronze, ont été vérifiées et les boulons renouvelés aux verrous. Dans l'intérieur du palais, des approvisionnements considérables ont été faits, pain, bœufs et moutons égorgés, comme si les troupes du roi d'Italie eussent dû soutenir pour le pape un siège, un long assaut des Barbares... De lourdes voitures de déménagement, cette dernière semaine, ont transporté, des bureaux de la Propagande trop exposée à une attaque place d'Espagne, au palais du Vatican, des coffres-forts, remplis de titres, papiers de banques, réserve d'argent et d'or, plusieurs millions. Le tout a été placé dans des caisses de fer que Léon XIII fit installer entre plafonds, au-dessus de sa tête... On attendait vraiment votre invasion, avec poignards et bombes. Et vous n'avez fait que des discours! Au Congrès vous aviez des espions du Vatican glissés dans vos délégations : ils ont été fort surpris. Le Saint-Père maintenant, assure monseigneur Duchesne, ne vous opposera plus que des prières! Cela n'est pas beaucoup plus dangereux.

Nos amis qui furent délégués au Congrès de Rome n'ont pas oublié, je pense, l'aspect rébar-

patif, lugubre, de ce Vatican aux portes et fenêtres
cadenassées, que nous sentîmes anéanti dans la
peur plus encore que renfrogné par la colère. Les
dires de monseigneur Duchesne avaient leur
preuve faite sur les murs du palais pontifical, aux
valets mêmes du Saint-Père qui demeurèrent fer-
més la nuit et le jour. Et c'est nous, les congres-
sistes de la Libre Pensée dont beaucoup avaient
une âme simple de touristes à bon marché, qui
répandions ainsi la terreur!

Le bon président Magnaud, en plaisant costume
de cycliste, avec des alternances avantageuses
de casquette-jockey et casquette-chauffeur, fut
signalé dans l'entourage du pape et suivi en ses
promenades comme particulièrement à craindre.
On le tint pour le chef des bandes d'apaches.

D'ailleurs, l'agitation intellectuelle du Congrès,
le remuement des idées et des problèmes philoso-
phiques ou sociaux, l'œuvre véritable des libres
penseurs, ne troubla pas le Saint-Père : cela lui
parut négligeable.

En vérité, combien est lointain ce monde, où
habite tant d'ignorance, tant de niaiserie apeu-
rée !

**

L'Idole chargée de pierreries.

Pourtant, songez-vous, le palais de Bramante,
le dôme de Michel-Ange, les Loges de Raphaël,
font rayonner là-bas, sur la colline vaticane, tous
les prestiges de la beauté et toutes les audaces
du génie. La gloire resplendissante de l'art n'a-
t-elle pas couvert, de siècle en siècle, la misère des
bords du Tibre, la sottise des papes.

Sans doute... Et c'est ainsi que la simarre, où fulgure la richesse amoncelée des pierreries, a souvent caché la pourriture laide d'un Borgia ou l'imbécilité risible d'un Sarto. Nous subissons l'illusion séculaire.

Mais que s'évanouisse ce décor de grandeur, qu'un habile coup de main du gouvernement de la République française, loin des basiliques imposantes et des palais somptueux, dans un appartement ordinaire de Paris, mette à nu les réalités politiques et administratives de l'Église, les paperasses chargées de confidences et d'accusations, que M. Clémenceau fasse perquisitionner chez monseigneur Montagnini, représentant du pape, aussitôt l'illusion tombe et nous sommes étonnés, apitoyés presque, de ne découvrir que puérilités, que bassesses lamentables, où nous avions mis la sublimité. On a beaucoup ri du billet intime par lequel le cardinal secrétaire d'État demandait au monsignor de « ces délicieuses bêtises de Cambrai »; on rira encore plus des bêtises du Vatican.

Et peut-être le moment est-il venu de les regarder bravement de près.

D'abord le pape !... C'est un exilé, un emmuré, qui ne se console pas de ne plus revoir les lagunes, les gondoles et les douces pénitentes de Venise. Quand le patriarche Sarto partit de Venise pour se rendre au conclave de 1903, où devait être élu le successeur de Léon XIII, il prit à la gare un billet d'aller et retour, disant à son entourage : « Je reviendrai le plus vite possible; ces murs du Vatican sont des murs de sépulcre. » Et, au séminaire Lombard où il était descendu, à Rome, il prit congé des directeurs, le matin de l'ouverture du conclave, en ces termes : « Nous allons emprisonner quelqu'un au Vatican et l'enfermer à double tour. »

L'enfermé, c'est lui-même !

Le pontificat lui est un lourd et cruel fardeau, qu'il porte comme Jésus sa croix. En son patriarcat vénitien, il gardait la simplicité naïve d'un curé des champs, et il la garde encore sur le siège pontifical, laissant au Saint-Esprit le soin de connaître des diverses affaires de la chrétienté.

— Le Saint-Père, disait un jour monsignor Bisleti, son majordome,... le Saint-Père considère toujours d'un air malheureux d'écolier qu'on a puni le courrier diplomatique entassé sur son bureau, mais il a une figure rayonnante d'amoureux si une lettre lui apporte l'image de première communion de quelque fillette de Venise (1).

A certains jours, on met sur cette tête vide la tiare aux trois couronnes.

« La tiare, dit monseigneur Battandier, protonotaire apostolique, est formée d'un feutre très·fin recouvert d'un tissu à mailles d'argent fabriqué exprès à Rome. L'intétérieur est doublé en soie. C'est sur ce feutre que sont attachées les trois couronnes d'or, excessivement légères

(1) Toute insinuation contre la pureté de vie du pape Pie X devrait aussitôt être reconnue fausse et calomnieuse. Cependant nous pouvons bien dire l'affection toute mystique qu'il a pour la souverainement belle et touchante fille de don Carlos, qui fut la princesse Massimo. Il la connut à Venise et l'aima comme sa Philothée. La première personne qu'il reçut au Vatican, après son élection et l'hommage officiel cardinalice, ce fut « sa chère enfant » accourue à Rome dès que les votes du conclave avaient indiqué le nom du patriarche Sarto. Il l'embrassa en pleurant, causa longtemps avec elle et lui dit : « Adieu ! » La pauvre femme s'éloigna, les yeux en larmes autant par joie que par tristesse. Maintenant le pape Pie X sera le parrain de l'enfant d'Alphonse XIII ! Ce devoir politique est moins selon son cœur.

pour diminuer le poids. Chaque couronne se compose
d'un bandeau d'or orné de pierreries et terminé par deux
rangées de perles. Chaque rangée en contient 90, ce qui
fait en tout 540 perles. Au-dessus du bandeau est la couronne ou mieux les fleurons formés d'un feuillage imitant
une croix. Il est séparé de l'autre par un petit cercle d'or
avec pierres précieuses, ce qui lui donne l'aspect de la
couronne héraldique de duc. L'ornementation de la tiare
est basée sur la forme octogone, c'est-à-dire qu'il y a
8 fleurons et entre ceux-ci huit pointes ou ornements.

Jésus n'avait qu'une couronne d'épines !

Et voulez-vous avoir l'énumération éblouissante
des pierres précieuses qui ornent le chef du représentant de Jésus ?

PREMIÈRE COURONNE (à la base de la tiare). — Dans le
bandeau entouré de deux cercles de perles orientales, il y
a 16 petits rubis balais, 3 émeraudes, une hyacinthe, une
aigue marine, 2 rubis balais, 1 saphir. Le centre des
8 fleurons d'or qui forment la première couronne est orné
de pierres précieuses où on trouve 4 émeraudes, 3 saphirs
et 1 rubis balais. Les 8 pointes entre les fleurons ont
6 grenats et 2 rubis balais.

DEUXIÈME COURONNE. — Dans le bandeau il y a 2 émeraudes, 3 rubis balais, une chrysolithe, 2 aigues marines,
16 petits rubis balais, plus les 2 fils de perles. Le centre
des 8 fleurs d'or a reçu 3 saphirs et 5 rubis balais, et les
8 pointes qui les séparent, 8 émeraudes.

TROISIÈME COURONNE. — Dans le bandeau, 16 petits
rubis balais, 2 saphirs, 2 rubis balais, une hyacinthe,
3 aigues marines, 1 grenat, et les 2 fils de perles orientales. Les 8 fleurons de la couronne ont 2 émeraudes,
1 rubis balais, 2 saphirs, une chrysolithe et 2 hya-
cinthes. Les 8 pointes sont ornées chacune d'un grenat.

Le sommet de la tiare est couvert d'une feuille d'or en
forme de rosace où l'on a enchâssé 8 rubis et 8 émeraudes.
Sur elle s'appuie un globe d'or émaillé en bleu, au sommet duquel est une croix composée de 11 brillants.

Les fanons de la tiare (bandes retombant sur les
épaules), qui portent au bas les armes de Pie IX, sont
ornés de 2 petits rubis, 4 topazes et 4 émeraudes.

En tout, le nombre des pierres précieuses qui ornent
cette tiare, sans comprendre bien entendu les 6 rangs de
perles orientales, est de 146 pierres de couleur et 11 brillants.

Voilà pour la tête. Aux pieds c'est la mule du

pape, que baisent les pieux fidèles : sorte de pan-
toufle rouge, en drap ou en velours, attachée par
un lacet en or. Une croix, également en or, est
brodée sur l'empeigne. Les bas, de fil de soie
blanc, sont bien tirés et attachés au-dessus du
genou par une jarretière de faveur blanche que
ferme une houppette d'or.

Saint-Pierre et le Palais du Vatican. — A la partie antérieure du
Palais, au deuxième étage au-dessus de la colonnade, les appartements du Pape. — La chambre de Pie X est à l'angle du Palais.

Ainsi coiffé et chaussé de joyaux, le pape n'est
plus un prêtre, un roi, un homme de foi ou de
pensée qui pourrait, par son activité intelligente
et son autorité morale, conduire les destinées du
monde ; c'est une Idole, aveugle, sourde, comme
abêtie par l'agenouillement des vénérations stu-
pides.

Et que n'est-elle muette !... Mais, au grand dom-
mage de ses adorateurs, elle parle, adresse à
l'univers des encycliques, donne son avis sur les
lois des Etats, même de la République française,
envoie des ordres de conspiration et de révolte à
ses prélats diplomates !...

Nous avons un aveu ingénu du jugement que les catholiques eux-mêmes portent sur leur pape actuel. Naturellement, ils croient à la prophétie de saint Malachie. Ce saint irlandais (1), par une suite de légendes oraculaires, aurait annoncé depuis des siècles le caractère propre de chaque pontife qui monte sur « le siège de Pierre ». Or, d'après saint Malachie, le pape Pie X devrait être *ignis*

(1) Saint Malachie fut un évêque d'Irlande (1094-1148), le premier saint que Rome canonisa avec l'apparat qui est maintenant de règle. Il mourut au cours d'un voyage à Rome. En 1590, un faussaire publia sous son nom la *Prophétie sur les papes*, ou prophétie de saint Malachie. Léon XIII, c'était *lumen in cœlo*, une lumière dans le ciel (cela pouvait s'entendre); Pie X, c'est *ignis ardens*, une flamme ardente.

Il reste à accomplir, pour neuf papes, les prophéties suivantes :

1. *Religio depopulata*, la religion dépeuplée ;
2. *Fides intrepida*, une foi intrépide ;
3. *Pastor angelicus*, le pasteur angélique ;
4. *Pastor et nauta*, le pasteur et le nautonnier ;
5. *Flos florum*, la fleur des fleurs ;
6. *De medietate lunæ*, de la moitié de la lune;
7. *De labore solis*, du travail du soleil ;
8. *Gloria olivæ*, la gloire de l'olive ;
9. Une dernière plus longue, annonçant la fin du monde : *in persecutione extrema Sanctæ Romanæ Ecclesiæ, sedebit Petrus Romanus qui pascet oves in multis tribulationibus, quibus transactis Civitas septicolis diruetur et judex tremendus judicabit populum suum*; dans une dernière persécution de la Sainte Église Romaine siègera Pierre, de Rome, qui paîtra ses ouailles parmi de nombreuses tribulations, après lesquelles la Ville aux sept collines sera détruite et le juge redoutable jugera son peuple.

Donc un dernier pape, du nom de Pierre, des persécutions, la destruction de Rome, l'arrivée du Juge, la fin du monde !... *L'Annuaire Pontifical* officiel n'hésite pas à prédire que la catastrophe arrivera vers l'an 2.000; il établit pour cela des calculs : 9 papes, avec une moyenne de dix ans chacun, soit quatre-vingt dix ans. Et il assure que ces calculs concordent avec l'Apocalypse. Tout cela a reçu l'approbation du Saint-Père.

ardens, une flamme ardente... Flamme ardente ?
Comment trouver cela dans le pauvre bon-
homme ?... Monseigneur Battandier, protonotaire
apostolique, directeur de l'*Annuaire pontifical*, a
reconnu que ce ne serait point aisé sans faire sou-
rire de Malachie. Il a cherché. En même temps
que patriarche de Venise, Sarto fut cardinal au
titre de l'église Saint-Bernard aux Thermes, laquelle n'est autre, paraît-il, que l'ancien *calida-
rium* des Thermes de Dioclétien. Et voilà : *cali-
darium, ignis ardens* ! On est réduit à demander
au chauffoir des thermes ou bains de Dioclétien,
au paganisme, la flamme ardente qui manque à
un souverain pontife de l'Église chrétienne.

La légende suivante de saint Malachie, pour le
successeur de Pie X, est : *Religio depopulata*,
religion dépeuplée. Celle-ci sera, au train dont
vont les affaires du Vatican, plus sûrement jus-
tifiée.

.·.

Le jeune cardinal des appartements Borgia.

Pie IX, pour voiler sa médiocrité dévote et sec-
taire, avait trouvé la libre intelligence du cardinal
Antonelli.

Léon XIII, pour soutenir son œuvre de grande
politique en ses années de décrépitude, avait eu la
sagesse avisée du cardinal Rampolla.

Le malheureux Pie X n'a que Merry del Val.

Près du pape, deux cardinaux participent principalement au gouvernement de l'Église : le cardinal secrétaire d'État, chargé des relations avec les
gouvernements étrangers, et le cardinal-vicaire,
chargé de l'administration du diocèse de Rome.

La secrétairerie d'État a fini par tirer à elle toutes les affaires importantes que le Saint-Siège a à traiter. C'est, en effet, une fonction diplomatique et politique, et le catholicisme désormais n'est guère que politique et diplomatie. Au cardinal-vicaire et aux Congrégations ou commissions de cardinaux sont dévolues les questions purement religieuses, tenues pour moins importantes. Le secrétaire d'État est le collaborateur le plus proche du pape; souvent il doit le suppléer.

Choisi par le conclave à sa grande surprise, le patriarche Sarto s'effraya surtout de ne savoir que le mauvais latin d'église et son patois vénitien. Il avait dit en latin au cardinal français Lecot, son voisin dans la salle du conclave : « Les cardinaux votent pour moi, et je ne parle même pas le français (langue diplomatique). » Monsignor Merry del Val, secrétaire du conclave, le rassura en lui servant aussitôt d'interprète dans les langues de toutes les nations. Il est, en effet, le fils d'un ambassadeur d'Espagne; mais il est né à Londres, et c'est en Angleterre qu'il a fait ses études. Il a habité Bruxelles, puis Rome. Seule la France lui est inconnue : notre esprit républicain fait peur à cet inquisiteur d'Espagne; mais il sait le français, au moins en belge. La connaissance des diverses langues et certain grand air, certaines belles manières ramassées dans les salons diplomatiques, en ont imposé au pauvre fils de paysan : monsignor Merry del Val a été fait coup sur coup cardinal et secrétaire d'État par Pie X.

Son insuffisance n'a pas tardé à paraître. C'est presque un jeune homme (la quarantaine), d'esprit borné et absolu, de caractère brusque, très hautain dans l'orgueil de ses dignités vite conquises, et surtout c'est un agité, prompt à la gaffe.

La rupture diplomatique de la France avec le Vatican et la Séparation de l'Église et de l'État furent accomplies par ses incartades. M. Combes n'eut qu'à ne pas laisser passer l'occasion. Depuis, ce maladroit a oublié, dans une sorte d'affolement, toutes les règles de prudence de la vieille diplomatie pontificale. L'habile cardinal Consalvi écrivait : « Par bonheur, j'ai trouvé dans notre secrétairerie d'État, l'excellente maxime d'écrire *peu et bien*, et j'affirme que c'est à cette ancienne maxime que le Saint-Siège a dû bon nombre de ses succès. » Les papiers Montagnini ont prouvé que Merry del Val écrivait *beaucoup et mal*, et certes le Saint-Siège en éprouvera plus d'un désastre.

Convient-il de rapporter ici des propos féroces du monde noir, qui aurait contre le jeune secrétaire d'État, contre « l'Espagol », des griefs d'un autre ordre ?... A peine élevé au cardinalat et à la secrétairerie d'État, le jeune parvenu — on dit parfois le favori — décida de s'installer au premier étage du Vatican, dans les splendides appartements Borgia, pleins des souvenirs orgiaques d'Alexandre VI. Que signifiait ce choix impatient ? Léon XIII avait fait restaurer les délicieuses fresques du Pinturicchio et rafraîchir les peintures, les boiseries, le mobilier dans les diverses pièces Borgia, pour en faire des salles d'audience et les livrer à l'admiration des visiteurs, à l'étude des artistes. Le cardinal Merry del Val s'y installa malgré les protestations de la presse ; il y enferma, dit-on, une intimité singulière. Si c'est calomnie, elle est bien de Basile.

Il y a deux ans, « l'Espagnol » eut un grand trouble. On vint, à son petit lever, lui apprendre discrètement qu'un marquis du pape, nouvellement titré et camérier secret (gentilhomme de service), M. Mac-Nuth, avait été arrêté quelque part dans Rome, derrière une gare. Scandale bien romain ! M. Mac-Nuth, sur l'heure de minuit, avait entrepris d'évangéliser un jeune marchand d'allumettes et l'avait entraîné vers l'ombre propice d'un quartier retiré. La police avait interrompu cette évangélisation spéciale et avait emmené le camérier du pape et le marchand d'allumettes.

Dès la nouvelle de l'arrestation, « l'Espagnol » marqua une inquiétude extrême. Il fit devancer toute perquisition au palais Doria, où habitait M. Mac-Nuth dans Rome, et retira force papiers qu'on déclara compromettants. Il tenta même une démarche auprès de l'honorable M. Eddings, à l'ambassade des États-Unis, pour qu'une intervention officielle fît relâcher M. Mac-Nuth, américain, et fît « classer l'affaire ».

Le 19 août 1905, M. Mac-Nuth fut jugé et condamné à trois mois de prison, et son catéchumène à deux mois.

Toute la prélature, toute la domesticité du Vatican se demanda les raisons d'un tel zèle du cardinal secrétaire d'État, moins serviable à l'ordinaire.

Mac-Nuth était son ami le plus intime. Il l'avait connu tout particulièrement en Angleterre, au collège catholique de Birmingham. Et c'est lui qui l'avait attiré à Rome, l'avait fait titrer marquis et l'avait introduit au Vatican, pour les services de la *camera* pontificale.

A l'*Annuaire pontifical* de 1907 nous trouvons encore, dans la liste des camériers, Mac-Nuth (1). On l'a repris même après sa condamnation. On ne peut pas se passer de lui. Il n'avait eu qu'un

____

(1) *Annuaire pontifical catholique* 1907, dans la liste générale des prélats, camériers, etc., p. 521.

tort, c'est d'engager son genre de conversation hors du Vatican, où ne pénètre pas la police des mœurs.

Tous les ans, « l'Espagnol » passe un mois d'été à Castel Gandolfo, magnifique propriété des papes, dans un site admirable au-dessus du lac d'Albano. Les cardinaux et prélats, et non pas seulement les plus austères, ne manquent pas alors de signaler, avec les insinuations que tout le monde peut entendre, à la presse libérale de Rome un va-et-vient mystérieux de jeunes abbés de l'Académie des Nobles ecclésiastiques que le cardinal invite à partager les agréments de ses ombrages. Malveillance, jalousie ! Des photographies perfides ont été prises de quelques ébats de cette jeunesse et sont passées sous le manteau dans le monde noir. On voit, par exemple, le jeune cardinal, parmi les jeux et les ris, tendre de ses lèvres aux lèvres d'un gracieux éphèbe la pulpe d'un fruit mûr. Ce pourrait aussi bien être une de ces « bêtises de Cambrai » qui sont, au goût « l'Espagnol », l'unique bonne chose de France. Mais cela devrait-il suffire pour inspirer de mauvaises pensées ?

Il est vrai qu'on est entre hommes et prêtres au Vatican. Ils sont là, de cape et d'épée, sous la soutane ou le mantellone, cinq à six cent gaillards, en chair et en os, surtout en chair. Et les méchants cardinaux se souviennent que déjà sous Sixte IV, l'un des papes qui firent construire le Vatican, Machiavel écrivait : « Non, jamais les villes de Sodome et Gomorrhe n'ont été le théâtre de semblables abominations. »

— Ce qui pourrit la « famille pontificale », disait le saint et le savant cardinal Pitra, ce sont les « neveux » de cardinaux et prélats.

En effet, chaque Éminence, chaque monsignor attire à Rome une parenté dont il est convenu que nul ne demandera les origines. Les curés et les vicaires ont des nièces ; les cardinaux ont des neveux. Et, dès qu'on éloigne les courtisanes, il faut bien que ce soient les « neveux » qui accordent et obtiennent les faveurs.

Le capitaine Smith, de la garde suisse, n'ayant rien compris à ces indications de la morale ecclésiastique, prétendit se conformer à la droite nature et installa dans le palais pontifical une discrète garçonnière. Il fut révoqué. Avant de partir pour son pays, il dit au majordome de Sa Sainteté :

— Ce n'est pas la peur des femmes qui me fait chasser, c'est la jalousie et la concurrence des « neveux ».

« Ce qu'il y a de certain, proclamait un journal pieux de Milan, en réponse à la *Tribuna* qui avait blâmé l'occupation des appartements Borgia par le cardinal Merry del Val,... ce qu'il y a de certain, c'est que dans les nouveaux appartements Borgia on ne reverra plus Lucrèce ! »

Hélas !...

.·.

Un autre vicaire de Dieu.

Quant au cardinal-vicaire, c'est-à-dire l'autre cardinal qui, avec le secrétaire d'État, remplit les plus hautes fonctions du Vatican, celles d'administrateur, comme vicaire de Sa Sainteté, du diocèse de Rome!...

Il se nomme présentement cardinal Respighi.

Le journal romain l'*Asino* voulut faire l'éloge de ses mœurs, fort différentes de celles de la Curie ; il le félicita, parce que Son Éminence excelle dans les vers latins, de garder toutes ses inversions pour les hymnes des saints et martyrs, et d'avoir eu une fille charmante, non point sans la complaisance de ce sexe auquel les filles doivent leurs mères.

Le cardinal n'accepta pas l'hommage de l'*Asino*. Il se fâcha et, par mandement épiscopal, interdit dans le diocèse de Rome la lecture du journal impie. Dès lors, tout le monde pieux connut l'histoire de Respigbi et, à côté des cardinaux-évêques, des cardinaux-prêtres, des cardinaux-diacres, on le proclama « cardinal-père ».

M. Pontarelli reprit les indications de l'*Asino* ; il y ajouta des documents, des preuves innombrables. Le compliment ironique fut avéré ; une belle légende de « virilité » gagna à Respighi les flatteuses attentions des dames romaines. Il s'en montra fort embarrassé et se tint coi. Mais c'est alors que, dans une fureur jalouse, prélats et camériers allèrent partout criant : « On fait à Respighi beaucoup d'honneur ; ces éloges ne sont point mérités ; où est cette fille ? »

En même temps le nid de vipères sifflait les noms de ses « neveux ». L'*Asino* put bientôt en avoir la liste.

*
* *

Les amis du prince Laforge de Vittenval et du chanoine Rosemberg

Vous souvient-il de l'escroc fameux, Laforge, prince de Vittenval, à qui la justice de notre pays de France a réparti quelques années de prison ?

On contesta, dans la presse, les titres de Laforge de Vittenval, mais l'escroc était bien prince,... prince du pape. En bonne et due forme, il avait reçu le bref de Léon XIII, le faisant chevalier de l'Ordre de Saint-Sylvestre et l'autorisant à ajouter à son nom le titre de prince de Vittenval. Mais le prince n'avait pu payer l'expédition de ses parchemins pontificaux, qui demeurèrent en souffrance à la Chancellerie du Vatican.

L'aventure parut peu explicable : le pape aurait fait un prince sans argent ! Quelle influence mystérieuse avait donc pu agir ? On chercha.

Et on trouva. Le nonce Clari, de grande mémoire en France, avait eu Laforge dans sa domesticité, puis avait changé la nature de ses services. Jules III fit bien son porte-singe cardinal, « dignité, dit Voltaire, plus convenable encore au singe qu'au porteur ». Fidèle à la tradition, il l'avait même conduit à Rome et présenté comme son « neveu ». Laforge n'eut pas de peine à prévoir la congestion fatale. Pour s'assurer son lendemain, il demanda quelques cadeaux : car cela se paie, et il y a un âge aussi pour le troisième sexe. Le nonce Clari n'était pas généreux; il se tira d'affaire en offrant des honneurs au lieu d'argent. Laforge devint donc le prince de Vittenval, se disant qu'avec cette nouvelle qualité et les autres il travaillerait encore dans le clergé et la diplomatie.

Que faire contre le hasard ? Il a franchi la porte de Fresnes, mais il aurait pu tout aussi bien franchir la porte de bronze du Vatican et celle des appartements Borgia.

C'est vrai, les confidences récemment tirées des papiers Montagnini sembleraient témoigner que la diplomatie papale, du nonce Clari à Lorenzelli et à Montagnini lui-même, aurait modifié ses privautés. Rappelons la lettre du prélat italien au gardien de la nonciature :

Rome, 72, rue Federico-Cesi, 26 décembre 1905.

MON TRÈS CHER CHARLOT,

Je te remercie de tes bons souhaits. Je te souhaite de bonnes fêtes de Noël et une bonne année. Je ne te souhaite pas autre chose que de nous revoir, soit à Paris, soit à Rome ? Qui sait ? Mais, dans tous les cas, j'ai besoin de te revoir et de te narrer bien des choses.

Ma gracieuse amie m'a envoyé de Paris une lettre dans le même courrier que la tienne. Ces deux lettres ont donc fait, pour ainsi dire, un voyage de noces ; quel beau présage ! Mais, écoute, tu aurais à faire avec deux jaloux : parce qu'avec le mari, il y a moi aussi. Je lui ai répondu en lui disant d'aller te voir et en faisant ton éloge, ce qui t'est dû. Mais la pauvre petite doit partir en janvier, et, en raison de cela, je crains bien qu'elle ne puisse aller te voir, surtout un personnage comme toi. Ils habitent boulevard de ..., n° ... ; la femme se nomme Olga X... ; c'est une bonne catholique ; mais le mari est encore protestant, quoique ayant beaucoup de sympathie pour notre religion. On devrait le faire catholique lui aussi. La femme est un ange de gentillesse, une enfant pleine d'ingénuité et très rusée d'esprit.

J'ai fait ici la connaissance de la sœur de Mgr G..., la comtesse Y..., pour laquelle il m'avait donné une lettre d'introduction. Il y a deux splendides jeunes filles. Tu me manques, toi aussi, pour m'aider dans cette corvée, c'est-à-dire pour faire la cour à quatre dames, car il y a, en plus, une demoiselle amie. Nous pourrions partager en parties égales. Veux-tu venir ?

Rien de nouveau à Rome. Tout le monde attend l'attitude que va prendre le Saint-Père vis-à-vis de la France. Que le Saint-Père se montre énergique et ferme. « Aux grands maux, les grands remèdes. » Voici mon opinion. Quelle est la tienne ? Mais je comprends que tu ne peux rien dire.

J'ai envoyé aux dames D... une belle carte illustrée de Noël. J'y ai joint une photographie du Saint-Père et sa bénédiction.

Elles ont été très contentes. Mon grand frère que tu as connu veut venir ici le printemps prochain. Cela me fait plaisir, tu dois le comprendre.

Je t'embrasse cordialement.

Nous signalerions volontiers ces exemples de droites mœurs. Mais monsignor Montagnini — on n'a pas assez rappelé d'aussi piquants souvenirs — fut l'ami le plus intime du chanoine escroc Rosemberg et le commensal le plus assidu de l'abbé escroc Romaglia. A tel point que Montagnini quitta précipitamment la France quand Rosemberg fut arrêté.

Or, Rosemberg avait deux nièces, dont les reporters dirent, aux jours de malheur, la grâce et la bonne tenue. Il les mena en pèlerinage à Rome. On calomnia, bien entendu. Les nièces étaient parfaitement chastes et vierges. Rosemberg le fit constater sous prétexte de visite médicale, tenant à répondre à de vilaines accusations. Il pouvait pendant ce temps-là, avec les monsignori amis, se rattraper sur les tantes.

*
* *

Les Scagnozzi et leurs enfants de chœur.

Vous vous imaginez, sans doute, la place Saint-Pierre et les abords du palais du Vatican comme l'enveloppement solennel et silencieux d'un tabernacle immense, un lieu sacré où des foules se prosternent dans l'adoration et la prière. De temps en temps, un cardinal rouge, un prélat violet, des moines à la bure multicolore, qui jettent en passant leur bénédiction sur les têtes inclinées !... Non, vous n'y êtes pas.

A l'heure matinale des messes de Saint-Pierre, nous avions franchi le Tibre au pont Victor-Emmanuel. Par le Borgo Nuovo, nous étions arrivés à la place Rusticucci.

Voici la place Saint-Pierre, le dôme, la colonnade, l'obélisque de Caligula avec sa croix de métal où est enchâssée une relique de la vraie croix.

Assurément, le décor est grandiose. Mais combien ces vastes étendues sont tristement, lugubrement désertes ! Les voix des cochers, rangés au long de la colonnade, s'élèvent criardes, grossières. Voici, autour de la place Rusticucci et dans les ruelles voisines du Borgo, des *osterie*, cabarets où se vend le *chianti*, les vins des *castelli romani* et même, selon l'enseigne, ô Horace ! du Falerne. Là viennent les pèlerins, après les messes et les communions, et aussi les *fattorini* ou commissionnaires et les guides. Nous nous asseyons à une table, sur la place, avec notre *fiasco* (grosse bouteille clissée) de *chianti*.

Le dôme formidable de Saint-Pierre s'élève lourdement, masse sombre, dans la radieuse clarté du matin. Par la porte géante, entièrement ouverte, s'aperçoivent les lueurs des cierges : elles sont, en ce pays de la lumière, une dérision, une insulte à la splendeur du ciel italien.

Neuf heures. Un pèlerinage arrive, interminable défilé de voitures d'agences, jeunes gens des cercles catholiques avec leur paquetage de route, prêtres avec leurs sacs de voyage, tous ahuris d'extase devant les fenêtres du pape que, d'un geste du fouet, les cochers leur montrent au second étage du Vatican, à droite. Ils viennent, à cause du retard des trains, tout droit de la gare pour assister à quelque messe ou à quelque audience fixée par le programme.

A ce moment précis sortent, on ne saurait dire de quels bouges des ruelles empuanties, de chaque côté du Vatican, des mendigots hirsutes, sales, répugnants, les yeux chassieux, la tête teigneuse, en haillons immondes. La première répulsion fait détourner les yeux. Les mendigots s'approchent : ce sont des prêtres, en soutanes ou manteaux dé-

**

penaillés. Le ténancier de l'*osteria* se prépare à nous défendre contre leurs importunités. Il leur parle avec d'expressives menaces et finit par faire un geste avec son balai.

Ces voisins du pape sont les *scagnozzi*.

Le *scagnozzo* est le bohème du monde ecclésiastique. C'est un prêtre ou moine qui a eu des aventures, principalement, selon le parler d'église, des « amitiés particulières » avec des personnes de son sexe. Il a fait pénitence dans un monastère ; mais, une fois délivré, comme l'escroc sorti de prison, il trouve malaisément à travailler et à vivre. Le seul métier qui lui soit possible est de guetter chaque nuit, au Vatican et dans la ville, sous les fenêtres des palais, les réceptions de cardinaux ou prélats, et leurs rentrées tardives, quelle qu'en soit la raison. Si, le lendemain, le cardinal ou le prélat devait dire la messe, donner l'absoute en exécution bien rétribuée de quelque testament ou fondation pieuse, le *scagnozzo* aura prévu qu'il ne se lèverait pas. Aubaine ! il ira dire la messe, donner l'absoute à sa place pour trente sous. Dans son lit, en faisant la grasse matinée, l'autre aura gagné la différence, mais le *scagnozzo* sera content. Pour le surplus, il mendigotera parmi les pèlerins. Le *scagnozzo* est un des types les plus pittoresques des vieux quartiers autour du Vatican et des abords de chaque église de Rome. On en voit plus que de cardinaux.

Or, le *scagnozzo*, pour l'accompagner aux églises et lui servir la messe, a un ou plusieurs *servants* (enfants de chœur).

Tout en mendiant, il se hasarde à vous faire entendre que cet enfant de chœur... attend là-bas, pas loin... et pas cher !... Si vous ne comprenez pas, il vous le montre là, souriant, au coin d'une ruelle !...

Ne vous fâchez pas. Cet abject racolage pour séminaristes et membres des cercles catholiques est admis à l'ombre du Vatican, comme l'autre racolage est ailleurs toléré.

Pie X a voulu naguère prendre des mesures sévères contre les *scagnozzi*, en enfermer quelques-uns dans des couvents, expulser les autres... M. Lépine, aussi, fait de temps en temps des râfles. Et puis ça recommence.

*
* *

Travaux des Congrégations cardinalices.

Laissons là les *scagnozzi*. Passons sur cette ordure de la porte de bronze. Entrons dans le Vatican pontifical. Nous serions injustes en ne remarquant que le haillon méprisable qui va au ruisseau.

Il y a actuellement 57 cardinaux, dont 34 italiens et 23 étrangers : 4 français (Coullié, archevêque de Lyon ; Lecot, archevêque de Bordeaux ; Mathieu, cardinal de Curie ; Richard, archevêque de Paris), 3 allemands, 2 anglais, 4 autrichiens, 2 hongrois, 5 espagnols, 1 portugais, 1 américain du Nord, 1 brésilien.

Ces 57 cardinaux sont répartis en Congrégations et commissions diverses pour l'étude des questions administratives et le jugement des affaires pendantes :

Sacrée Congrégation du Saint-Office ou de l'Inquisition universelle ; Sacrée Congrégation consistoriale ; Commission pontificale pour la réunion des églises dissidentes ; Sacrée Congrégation de la Visite apostolique ; Sacrée Congrégation des Evêques et Réguliers ; Sacrée Congrégation du Concile (pour interpréter les décisions du Concile de Trente) ; Sacrée Congrégation de la Résidence des Evêques ; Sacrée Congrégation de l'Etat des Réguliers ; Sacrée Congrégation de l'Immunité ecclésiastique ; Sacréé Congrégation de l'Index ; Sacrée Congrégation des Rites ; Sacrée Congrégation de la Cérémoniale ; Sacrée Congrégation des Indulgences et Reliques (rattachée en 1904 à la Congrégation des Rites) ; Sacrée Congrégation des Etudes ; Sacrée Congrégation de la Propagande ; Commission *de eligendis episcopis* ; Commission des études historiques ; Commission des études bibliques (instituée en 1902) ; Commission pour la préservation de la foi.

Quelles sont ces affaires dont décident les Congrégations cardinalices ? Voici quelques exemples :

MARIAGE DE LIBRE PENSEUR ET CATHOLIQUE. — Si le fiancé libre penseur refuse de se confesser, l'évêque peut, malgré ce refus, permettre de le recevoir à l'église *tanquam teslis authorizabilis*, comme témoin apte à intervenir dans le mariage (ou rôle passif) (Décret 1897, Saint-Office).

MARIAGES DES INDIENS. — L'évêque de Sioux-Falls expose que les Indiens prennent à l'essai des jeunes filles en mariage, ne voulant s'unir à elles indissolublement qu'après un certain temps d'épreuve. La Congrégation déclare qu'on peut accepter la rupture de la liaison et, par conséquent, ces mœurs s'ils sont infidèles, mais qu'une fois chrétiens, les Indiens doivent se tenir à l'indissolubilité (Décret 1898, Saint-Office).

VEUVE DES MORTS D'ADOUA. — Les épouses de ceux qui sont morts à la bataille d'Adoua ne peuvent obtenir le certificat de leurs maris, ce qui les empêche de se remarier. La Congrégation autorise ces veuves à se remarier (Décret 1898, Saint-Office).

FRANCS-MAÇONS. — Ne pas les absoudre sans exiger l'abjuration écrite et la dénonciation de ce qui se passe dans les Loges (Décret 1898, Saint-Office).

PROTESTANTS. — Les Petites-Sœurs des pauvres ont parfois des vieillards protestants qui, au moment de la mort, demandent les ministres de leur religion. Les Sœurs ne doivent pas aller chercher le ministre protestant ; mais *passive se habeant* : qu'elles gardent une attitude passive, c'est-à-dire qu'elles ne fassent rien et laissent ce soin à d'autres. Telle est la tolérance catholique (Décret 1898, Saint-Office).

RAPT. — En Albanie, les jeunes gens ont coutume d'enlever les jeunes filles qu'ils veulent épouser. Le mariage peut-il se faire ? Si la jeune fille atteste par serment qu'elle veut épouser le ravisseur, on peut permettre le mariage (Décret 1901, Saint-Office).

SAINTES-HUILES. — Défense de les expédier par une société de transports (Décret 1901, Saint-Office).

L'AME DE N.-S. — Une dévotion a été fondée pour rendre un culte spécial à l'âme de Jésus. La Congrégation l'interdit et condamne une formule de prière adressée à cette âme (Décret 1901, Saint-Office).

IMAGES EN BOULETTES. — Dans le diocèse de Santiago du Chili, les fidèles, désireux d'obtenir une grâce d'un saint, ont la coutume de rouler en boule et d'avaler une image de ce saint. L'archevêque demande s'il doit tolérer cette pratique. La Congrégation répond que cette pratique est per-

Caricature belge de 1870, faisant allusion à la prise de Rome par les Italiens.

Saint Pierre est représenté sous les traits de Victor-Emmanuel tenant en main la clef du paradis, c'est-à-dire la clef de Rome.

(Extrait de *Contre Rome*, par JOHN GRAND-CARTERET, Michaud, édit.)

mise (à condition qu'il n'y ait pas de *superstition* !) comme de boire l'eau des sources miraculeuses (Décret 1903, Saint-Office).

Dot des religieuses. — La dot des religieuses qui, dans les monastères à vœux solennels, n'ont prononcé que les vœux simples trienniaux, doit revenir, si elles meurent, au monastère (Décret 1904, Evêques et Réguliers).

Commerce des messes. — Des voyageurs en librairie plaçaient des messes à dire pour les âmes du purgatoire, les remettaient à des prêtres à bas prix et les payaient en marchandise. La Congrégation interdit ce commerce (Décret 1897, Congr. du Concile).

Indemnité pour rupture de fiançailles. — Des fiançailles avaient eu lieu et avaient été reconnues comme valides, mais le jeune homme avait ensuite, sans motifs, abandonné la jeune fille. La Congrégation décide qu'il y a lieu à une indemnité que l'évêque fixera (Décret 1900, Congr. du Concile).

Décoration. — Une décoration spéciale est créée pour les pèlerins de Terre-Sainte : croix pareille à celle du Saint-Sépulcre, ruban rouge avec quatre raies bleues. Cette décoration est mise en vente et accordée à tous ceux qui veulent la payer : il faut ajouter en plus une aumône pour la Terre-Sainte (Décret 1901, Congr. de la Propagande).

Ciment béni. — Le ciment qui fixe les pierres de l'autel doit être béni (Décret 1898, Congr. des Rites).

Miracles. — La Congrégation *approuve* deux miracles du bienheureux de la Salle, aux fins de canonisation : 1º guérison instantanée, en 1899, de Léopold Tayac, élève du collège de Rodez, d'une très grave pneumonite, accompagnée de phénomènes mortels de l'ordre cérébral ; 2º guérison instantanée du frère Néthelme, des écoles chrétiennes, qui avait une poliomellite chronique, transversale, lombaire et des plaies dans les jambes. La Congrégation dit qu'il y eut miracles (Décret 1889, Congr. des Rites).

Ange gardien de l'Espagne. — Le royaume d'Espagne a un saint ange gardien spécial qu'on célébrera par une fête particulière secondaire (Décret 1901, Congr. des Rites).

Introduction de la cause de canonisation des martyrs de septembre 1792 aux Carmes. — La Congrégation veut les canoniser pour protester contre la Révolution (Catalogue 1901, Congr. des Rites).

Ces exemples choisis au hasard dans les décisions récentes permettent de juger l'intérêt des problèmes que débattent et résolvent ces fameuses Congrégations romaines ! Elles manqueraient vraiment au destin et à la bonne humeur de l'humanité si elles n'existaient pas.

Et que diriez-vous d'une décision telle que la suivante (Décret 1897, Saint-Office) ?

Membres amputés. — Dans le cas d'amputation de membres, si ceux-ci ont appartenu à des non catholiques, ils peuvent être ensevelis en un lieu profane ou brûlés. S'ils ont appartenu à des catholiques, il faut autant que possible les enterrer dans le cimetière. Au besoin, on peut destiner un terrain que l'on fera bénir et où se fera l'inhumation. Si les médecins font brûler ces restes humains, *prudenter dissimulent et obediant* (qu'ils le dissimulent avec prudence et qu'ils sachent obéir).

Ce qui revient, pour le Saint-Office, à proclamer, après longues délibérations, comme il convient, qu'une jambe de catholique est un bien plus noble morceau qu'une jambe de protestant ou d'israélite. L'opinion de la Congrégation serait la même dans un cas d'ovariotomie. Les cardinaux du Saint-Office traitent des sujets savoureux.

Et ceci encore (Décret du 4 mai 1898, rendu par le Saint-Office, publié dans l'*Annuaire pontifical*, 1899, p. 396) :

1° Partus accelerationem per se illicitam non esse, dum modo percificiatur justis de causis et eo tempore ac modis quibus ex ordinariis contingentibus matris et fœtus vitæ consulatur ;

2° Quoad primam partem (et si mulieris arctitudo talis sit ut neque partus præmaturus possibilis censeatur, licebitne abortum provocare ?) negative, juxta decretum 24 juil. 1895 de abortus illiceitate. — Ad secundam vero, nihil obstare quominus mulier de qua agitur cœsaræ operationi suo tempore subjiciatur ;

3° Necessitate cogente, licitam esse laparotomiam ad extrahendos e sinu matris ectopicos conceptus, dummodo et fœtus et matris vitæ quantum fieri potest serio et opportune provideatur.

Le Saint-Office se montra toujours fort soucieux d'assurer le baptême des enfants encore vivants dans le sein de la mère mourante ou morte. Beaucoup de prêtres ayant demandé ce qu'ils devraient faire en pareille conjoncture, le Saint-Office a répondu par la décision qu'on vient de lire et que nous traduisons :

1° L'accélération de l'enfantement n'est pas en soi illicite (pour les prêtres), pourvu qu'elle soit faite pour de justes causes, et dans le temps et les conditions où, selon

*les ordinaires contingences, la vie de la mère et du fœtus
est assurée ;*

*2° Sur un premier point : au cas où le rétrécissement
de la femme serait tel que l'enfantement prématuré ne soit
pas jugé possible, serait-il permis de provoquer un avortement ? —* RÉPONSE NÉGATIVE, *conformément au décret
du 25 juillet 1895 sur l'interdiction de l'avortement. — Mais
sur le point de savoir ce qu'il y aurait alors à faire, la réponse est que rien ne s'oppose à ce que la femme dont il
s'agit soit soumise à* L'OPÉRATION CÉSARIENNE ;

*3° En cas de nécessité, il est permis de pratiquer la la-
parotomie pour retirer du sein de la mère* ectopicos conceptus (?) *pourvu qu'on prenne des précautions sérieuses
et opportunes afin de garantir la vie du fœtus et de la
mère.*

Mettre à l'usage du clergé les opérations césa-
riennes, régler l'extraction des *ectopicos conceptus*
(vous ne comprenez pas, mais vous devinez), tels
sont, avec quelques autres d'aussi haute portée (1),
les travaux d'une Congrégation cardinalice. Il y a
vraiment dans le monde toute sorte de métiers !

*
* *

L'Index dont on se moque

Un jésuite allemand, le cardinal Steinhuber, préside une Congrégation dont le nom est parfois une
épouvante parmi les catholiques, la Congrégation
de l'*Index*. Assisté d'un autre jésuite, le P. Wrnz,
général de la Compagnie, et de toute une police
d'inquisiteurs, de consulteurs, de dénonciateurs,
il recherche et condamne « les livres des apostats
et des hérétiques », et plus encore les livres des
croyants qui s'éloignent de la pure doctrine. Il les

(1) Ce n'est point ici le lieu de citer les questions immondes soumises aux Congrégations romaines à propos
de l'interprétation des *Diaconales*, et la casuistique abo-
minable à laquelle donnent lieu ce qu'on appelle *casus
reservati* (les cas réservés). Nous devrons le faire dans
une étude séparée.

met à l'*index*, c'est-à-dire dans un catalogue de réprobation. Quiconque lira un livre ainsi condamné, sera frappé d'excommunication.

Ont été mis à l'*index* depuis quelques années :

1898, tous les ouvrages d'EMILE ZOLA, désigné aux colères des Jésuites par l'affaire Dreyfus.

1899, les ouvrages du DOCTEUR SCHELL, professeur catholique à l'Université de Würzbourg.

1901, CAMILLE QUIÉVREUX (abbé), *Le Paganisme au dix-neuvième siècle*, 3 volumes.

1903, ALBERT HOUTIN (abbé) : 1° *La Question biblique chez les catholiques de France au dix-neuvième siècle* ; 2° *Mes Difficultés avec mon évêque*.

— ALFRED LOISY (abbé): 1° *La Religion d'Israël* ; 2° *L'Evangile et l'Eglise* ; 3° *Autour d'un petit livre* ; 4° *Etudes évangéliques* ; 5° *Le Quatrième Evangile*.

La condamnation de l'abbé Loisy, qui fit quelque bruit dans le clergé et même dans le monde savant, fut prononcée par le pape Pie X, presque au lendemain de son élection, le 16 décembre 1903. Le cardinal Merry del Val, prélat de la carrière diplomatique, dont l'ignorance en théologie et en exégèse est, dit-on, une « ignorance de noble ecclésiastique », la transmit au cardinal archevêque de Paris avec ces commentaires destinés à la rendre plus cruelle :

« Les erreurs très graves qui abondent dans ces volumes regardent principalement la révélation primitive, l'authenticité des faits et des enseignements évangéliques, la divinité et la science du Christ, la divine institution de l'Eglise, les sacrements. Le Saint-Père, profondément affecté et tristement préoccupé des effets désastreux que produisent et que peuvent produire encore des écrits de cette nature, a voulu les soumettre à l'examen du tribunal suprême du Saint-Office. Ce tribunal, après mûre réflexion et une étude pro-

longée, a formellement condamné les œuvres de
l'abbé Loisy par décret du 16 courant. »

1904, Albert Houtin, *L'Américanisme*.
1905, Paul Viollet, *L'Infaillibilité du pape et le Syllabus*, étude historique et théologique.
— Antonio Fogazzaro, *Le Saint*, roman.

Par quoi il est aisé de reconnaître que l'*Index*
dénonce surtout les livres des prêtres ou des catholiques pleins de bonnes intentions, mais pour
qui la science est la science, la vérité est la vérité et qui, manquant d'hypocrisie, ne dissimulen
pas assez le libéralisme de leur pensée religieuse.
Ceux-là sont « le poison le plus dangereux pour
les âmes pieuses, car ce poison porte une éti-
quette de confiance avec le nom de Fogazzaro », a
dit dans un rapport le dominicain Lepidi, maître
du Sacré Palais.

Les noms de ces doux et tranquilles savants,
l'abbé Loisy, M. Viollet, étaient aussi des « éti-
quettes de confiance ». Le Vatican les a bariolés de
sa marque sinistre : poison.

Il y a quelques années, monsignor Gasparri, aujourd'hui prélat de la Curie et l'un des plus achar-
nés « consulteurs » du Saint-Office, était le collè-
gue de l'abbé Loisy comme professeur à l'Institut
catholique de Paris. Un de ses anciens élèves lui
disait :

— Pourquoi votre Saint-Office fait-il rage contre
notre pauvre ami Loisy ? N'aurait-il pas d'abord à
condamner Albert Réville, pour son *Histoire du
dogme de la divinité de Jésus-Christ,* ou cet abo-
minable Combes pour sa *Campagne laïque* ?

— Non, répondit Gasparri, ceux-là sont à l'*index* par leurs personnes. Loisy ne vaut pas
mieux, mais les cornes ne lui sortent pas du front
(les cornes du diable) !

Pour le moment, la Congrégation de l'*Index* poursuit comme bête noire le réformisme démocratique de Fogazzaro, de l'abbé Murri et de quelques autres catholiques italiens qui se leurrent, après tant d'autres, de l'espoir de ramener le catholicisme à « la pureté de ses origines ». Le cardinal jésuite Steinhuber, après avoir excité contre Fogazzaro toute la meute de révérends qui rédigent en style de procureurs de l'Inquisition la *Civilta Cattolica*, vient d'adresser une lettre au cardinal archevêque de Milan pour condamner sa revue, le *Rinnovamento*. Le jésuite demande que l'archevêque interdise cette publication, *parcequ'elle lui inspire du dégoût, le pape et les évêques n'ayant pas besoin de conseils de laïques comme Fogazzaro et ses amis pour gouverner l'Église.*

Cela inspire du dégoût au jésuite, et voilà pourquoi Fogazzaro devra se taire !

Bien entendu, c'est sans explication possible, sans examen ni discussion où pourraient intervenir les accusés d'hérésie, que les condamnations de la Congrégation de l'*Index* sont prononcées. Un simple écrivain prétendrait-il en remontrer au Saint-Esprit, au Saint-Père et aux Jésuites ?

Léon XIII — n'a-t-on pas quelquefois voulu croire à son « large esprit de tolérance » ? — fit reviser l'*Index* ou catalogue des livres proscrits et en ordonna la publication en un gros volume de 316 pages qui a paru en 1901 et a été réédité en 1904 par l'Imprimerie Vaticane. Il n'est pas contre l'Église de plus accablant témoignage que cette liste des chefs-d'œuvre ou, du moins, des œuvres le plus originales et le plus rénovatrices de l'esprit humain. On trouve là, sous la réprobation séculairement rancunière que remâcha encore la sénilité de Léon XIII : les *Essais* de Montaigne, le *Dis-*

cours sur la méthode de Descartes, les *Provin-*
ciales de Pascal, l'*Encyclopédie* du dix-huitième
siècle, l'œuvre de Voltaire et de Rousseau, la *Phi-*
losophie d'Auguste Comte (décret du 12 décembre 1864), — qu'en pensent certains jongleurs qui
font du positivisme catholique ? — l'œuvre de
Hugo, Michelet, Quinet, Renan, etc.

Voilà ceux dont l'Église ne veut pas et que nous
faisons nôtres (1).

L'immense foule des hommes qui lisent n'a cure
ni de l'*Index,* ni des prohibitions jésuitiques et
papales, ni de l'excommunication. Et même l'*An-*
nuaire pontifical avoue que souvent le Vatican se
garda de mettre un livre à l'*index* « pour ne pas
lui faire une réclame inopportune ». Qui aurait lu
le *Syllabus* de ce bon M. Viollet, de l'Institut, sans
le peu de réclame de l'*Index* qui lui amena bien
trois curieux ? Mais dès que paraîtra quelque *An-*
neau d'Améthyste, tout le monde pensera que cela
vaut bien une excommunication.

— Et pourtant le pauvre épouvantail fait peur à
MM. Houtin, Loisy, Viollet, Fogazzaro, Murri, qui
se prosternent, baisent la mule qui les frappe, se
terrent dans le silence. Les hérétiques du moyen
âge attendaient que le Saint-Office brûlât leurs
livres, avant de brûler leur chair; les pitoyables
« catholiques libéraux » d'aujourd'hui jettent de
leurs mains leurs livres au ruisseau, sans même
avoir le bourreau pour excuse.

(1) Il est à remarquer que peu de livres de science
(dans l'ordre des science naturelles) ont été mis à l'*index*.
Darwin, Berthelot, Haeckel et autres grands savants ont
été épargnés, sans doute par ignorance... Chose bizarre,
Erasme Darwin (le père) a été condamné en 1817 pour
son ouvrage : *Zoonomia or the laws of organic life*, et
son fils, Charles Darwin, dont la théorie sur « l'origine
des espèces » a porté un coup si terrible au récit mosaïque
de la création, a été négligé. Léon XIII, dans le dernier
Index, n'a rien changé à cette anomalie.

Et il y a parfois une singerie hideuse de leur geste pieux et lâche de soumission. Voici une inté-ressante confidence qu'on pourra lire dans l'*Annuaire pontifical* (1902, p. 504) :

« La condamnation du grand dictionnaire Larousse dit l'Annuaire du Vatican, n'a certes pas aidé à sa diffusion, loin de là; et les auteurs du *Nouveau dictionnaire illustré de Larousse* doivent en grande partie leur succès de librairie sans précédent aux précautions prises par les directeurs pour que leur publication ne pût tomber sous les justes observations de l'index. »

Comment ! la Congrégation avait foudroyé les colonnes innombrables du grand Larousse !... Il y a excommunication pour quiconque ouvre cet utile instrument du parler sans savoir !... Que d'excommuniés autour des rayons de bibliothèques et des tables de rédaction !...

Et nous sommes avertis que la direction du nouveau Larousse, avant de nous vendre son plus récent démarquage, prend l'avis de la Congrégation de l'*Index* ! Voilà un dictionnaire qui aura été rédigé selon la méthode scientifique ! On pourra se fier à sa documentation venue tout droit de Rome ! Chez ceux qui se moquent de l'*Index*, nous nous en souviendrons.

*
* *

La Science dangereuse.

N'était-ce pas assez de l'*Index* et du Saint-Office pour écraser la pauvre raison humaine ?

L'Église catholique, par ses règles générales de l'*Index*, interdit toute publication de la Bible en langue vulgaire. Les fidèles ne doivent lire les livres sacrés qu'en grec ou en latin, c'est-à-dire sans y rien comprendre : ces livres sont d'autant

plus sacrés que personne n'y comprend rien et n'y
touche jamais.

Aussi bien M. l'abbé Loisy provoqua-t-il un
grand trouble dans le monde des cardinaux du
Saint-Office et de l'*Index* chargés de veiller sur
l'intégrité de la foi, du jour surtout où il écrivit des
brochures qui risquaient de se lire dans le peuple : *L'Évangile et l'Église, Autour d'un petit
livre*, etc. Ce que l'ancien professeur de l'Institut
catholique de Paris avait jusque-là enseigné tran-
quillement dans une cave, parut un danger terrible
dès que les petits ouvrages d'exégèse, clairs et
sans pédanterie, furent mis à la portée de tous aux
devantures des libraires. Léon XIII se hâta, tandis
que l'*Index* et le Saint-Office procédaient à l'exécution de l'abbé Loisy, de fonder une Commission
des études bibliques pour arrêter la propagation
de ses idées. Il ne faut pas que le rationalisme
pénètre dans l'étude des livres saints; ces livres
sont faits non pour être critiqués, discutés dans
leur forme et leur sens, selon les méthodes de la
science philologique et historique, mais pour être
vénérés. Pas d'exégèse, mais la foi. L'abbé Loisy
eut l'audace de soutenir qu'un savant peut traiter
ces livres comme tous les autres et que, s'ils sont
divins, ils résisteront mieux que les autres à la
critique scientifique : qu'il soit anathème.

Telle est pourtant la force inéluctable du vrai,
que la fameuse Commission des études bibliques
— sur les instances, dit-on, du savant sulpicien
Vigouroux qui aurait un jour donné cette raison
suprême : « Craignons de faire rire de nous ! » —
a décrété, en 1906, que : « l'authenticité et l'intégrité de Pentateuque de Moïse étant sauvegardées
en substance, on peut admettre qu'en une si longue série de siècles, *quelques modifications s'y*

sont produites, par exemple des *adjonctions faites après la mort de Moïse*, ou faites par un auteur inspiré, ou bien des *commentaires et des explications inscrits dans le texte, quelques paroles et quelques tours de phrases transportés* de la langue antique dans la langue plus récente, et enfin des *leçons erronées* à attribuer à l'erreur des scribes, CHOSES DONT IL EST PERMIS DE DISCUTER ET DE JUGER SELON LES RÈGLES DE LA CRITIQUE. »

Comment ! l'Église admettrait qu'un texte sacré pourrait n'être pas intangible ?

N'est-ce pas là une décision grave ? La critique force même les portes du palais de l'Absurde.

— La fissure ! la fissure ! *Fessura ! fessura !* s'écriait le vieux jésuite Steinhuber en protestant contre ce décret de la Commission.

Et on en verra bien d'autres ! Monseigneur Duchesne, plus hérétique, mais plus habile que l'abbé Loisy, préside à Rome une certaine « Commission historico-liturgique » et une Société pour les Conférences d'archéologie chrétienne ; il est le prélat le plus important de la Commission des études historiques, directeur de l'École française de Rome au palais Farnèse ; mais il reste bien prudemment « monseigneur ».

Mme Lucie Félix-Faure (Georges Goyau), le connaissant surtout, selon les confidences de son mari, pour le fameux « abbé Duchesne », de la Sorbonne et de l'Institut, lui disait dans une visite : *monsieur l'abbé.* Et lui de reprendre : *monseigneur.*

Or, monseigneur Duchesne, dans son édition fort érudite du *Liber Pontificalis* (chronologie des papes) supprime une dizaine de papes que l'Église avait jusqu'à ce jour, en son infaillibilité, inscrits à sa Chronologie officielle comme ayant réellement existé. La *Gerarchia cattolica* (Annuaire du Vatican, publié officiellement par l'Imprimerie Vaticane), en 1905, a adopté les suppressions de monseigneur Duchesne. Résultat : dix papes ont été retranchés, quatre ont été ajoutés ; Pie X est déclaré le 258ᵉ « successeur de saint Pierre », au lieu d'en être le 264ᵉ.

Il y a des surprises, comme celle que relève monseigneur Battandier dans son *Annuaire pontifical*. Saint Anaclet est un des papes dont on ne veut plus. Or, « on peut, dit le rédacteur de l'*Annuaire*, insister sur cette étrange contradiction que l'Église universelle nous *oblige* à faire au 13 juillet la fête de saint Anaclet comme Pape successeur de saint Clément, et qu'avant de le supprimer de la liste des Pontifes, il aurait fallu d'abord le supprimer du calendrier officiel de l'Église et abolir sa fête. »

En effet, monseigneur Duchesne manque vraiment d'égard pour l'infaillibilité, quand il fait ainsi constater que l'Église fête et prie un saint qui n'exista jamais. La science s'insinue partout, implacable. Elle s'affuble même du manteau de la prélature pour enlever aux saints leurs niches.

— Ce n'est pas les leur enlever, c'est leur en faire ! répliqua un jour monseigneur Duchesne, dont l'érudition est volontiers gouailleuse.

La vente des indulgences.

Les singuliers travaux du Saint-Office, de l'*Index*, de la Commission des Études bibliques et des diverses Congrégations du Vatican ont leurs conséquences certaines : elles préparent dans la chrétienté les « poires » que papes, cardinaux et prélats se gardent pour la soif. Quand, en effet, les décrets et excommunications ont mis bien à point les crédules, on passe pour la quête. La religion finit toujours par des affaires.

Deux congrégations sont chargées de cette conclusion importante : la Sacrée Congrégation des Indulgences et Reliques, et la Sacrée Congrégation du Concile (à laquelle sont dévolues les dispenses de mariages). Ce sont les Congrégations de rapport.

Pie X fit annoncer, par un *Motu proprio* de janvier 1904, que la Congrégation des Indulgences était supprimée ; simplement elle était rattachée à celle des Rites. Mais rien n'a été changé dans son fonctionnement ni dans son mercantilisme. On voit encore pendus aux « bureaux des Indulgences », à la Chancellerie du Vatican, les cartons administratifs qui fixent pour la clientèle les « taxes » ou prix des indulgences et les frais supplémentaires d'agence.

Ces taxes, les voici scrupuleusement copiées. Et les gens d'église diront que le Vatican ne vend pas les indulgences !

TAXES DE LA SACRÉE CONGRÉGATION DES INDULGENCES

	Taxe	Agence
Bénédiction des chapelets, croix, crucifix, avec indulgences de sainte Brigitte	2 fr. 50	5 fr.
Sanatoria pour obtenir que les personnes qui ont acheté des chapelets indulgenciés jouissent de cette même indulgence	4 fr. 50	5 fr.
Bref de la Portioncule.	3 fr. 50	5 fr.
Portioncule pour sept années	3 fr. 50	5 fr.
Indulgence plénière quotidienne perpétuelle pour une seule église	2 fr. 50	5 fr.
Indulgence pour quatre jours de l'année dans une seule église	2 fr. 50	5 fr.
Indulgence pour quatre jours de l'année et n'importe quelle église.	2 fr. 50	5 fr.
Indult quinquennal pour bénir et indulgencier les objets de piété	7 fr. »	6 fr.

	Taxe		Agence

Indul. pour donner la bénédiction papale à la fin des retraites et 200 jours
d'indulgences à chaque sermon. . .   **6 fr. »   5 fr.**

Pouvoir de donner, aux fidèles *in arti-
culo mortis*, l'absolution avec indul-
gence plénière. . . . .   **3 fr. »   7 fr.**

BREFS ACCORDÉS AUX ÉVÊQUES

Pour déléguer aux prêtres le pouvoir de
donner aux moribonds l'indulgence
plénière et la bénédiction papale . .   »   »

Pour donner dans chaque église de son
diocèse un autel privilégié *ad septennium* (ce pouvoir est personnel) . .   »   »

Indulgence plénière pour les missions
faites dans le diocèse (*ad septennium*).   »   »

Bénédiction papale pour l'ouverture du
Synode . . . .   »   »

Indulgence plénière pour qui visite la
cathédrale dans un jour désigné par
l'évêque . . . .   »   »

Indulgence plénière pour le jour de la
première visite canonique dans chaque
paroisse . . . .   »   »

Indulgence plénière pour le jour de la
première entrée dans la cathédrale. .   »   »

Taxe en tout . . . .   **35 fr. »   10 fr.**

Pouvoir d'indulgence pour une statue
de saint Pierre *fac-simile* de la statue
de la Basilique Vaticane . . . . .   **4 fr. »   7 fr.**

Les taxes et frais d'agence ne sont que la
moindre part de ce commerce. Pour gagner une
indulgence attachée, moyennant le prix, à telle
prière, à telle église, il faut encore joindre l'aumône
à la prière et ne pas oublier le tronc de l'église. A
cette fin d'aumône, des Jubilés sont institués de
temps en temps. On gagne alors l'indulgence plénière, c'est-à-dire la rémission intégrale des jours
et années du purgatoire que l'on a mérités
par ses péchés. Mais une telle faveur se paie et
on n'y regarde pas quand il s'agit de se sauver
d'un feu que l'Église dit pareil à celui de l'enfer.
De la sorte, le feu du purgatoire et celui de l'enfer
entretiennent bien les cuisines des papes et les
marmites des curés.

*
* *

La vente des annulations de mariage ou constats d'impuissance.

Une ingéniosité plus admirable encore du Vatican pour l'appel de l'argent, c'est l'idée qu'un monde de célibataires a eue de mettre sur les mille diversités du désir humain et des rapprochements ou des désaccords matrimoniaux, des tributs lourds et minutieux. Rien ne leur a échappé.

La Sacrée Congrégation du Concile, par prétendue application des règles du Concile de Trente, fait cette police de l'esprit et de la chair.

Si vous voulez, bon catholique, épouser une parente (il y a la parenté spirituelle en plus de l'autre, par exemple, de parrain à filleule), vous devrez payez ce droit à Rome. Coût : 125 à 130 fr. Et on vous demandera « une obole pour les besoins de la Sainte Église ».

Avez-vous eu des surprises ou ça ne va-t-il plus dans le ménage ? Recourez à Rome. La sainte Église ne reconnaît pas le divorce, abomination de la loi civile. Mais elle a les annulations de mariage. Ayant toujours affirmé théologiquement l'indissolubilité du lien du mariage, elle maintient ce principe ; mais devant tenir compte des « misères humaines », elle découvre, pour n'avoir pas à le rompre, que le « lien » n'a jamais existé ou qu'il n'a servi à aucune réalisation matrimoniale.

Le divorce civil s'obtient à l'ordinaire par la preuve d'un excès de puissance : le mari s'accuse ou se vante d'avoir trompé sa femme.

L'annulation eclésiastique s'obtient principalement par la preuve de l'impuissance et de la non-consommation : le mari manqué, humblement, avoue qu'il n'a pas ce qu'il faut pour « remplir ses devoirs » envers sa femme.

Cela nécessite des procès, en des conditions d'enquête mystérieuse où se glisse vite le chantage. Pour ces cas-là aussi il y a des « taxes ».

Dans ses fort intéressantes *Paroles françaises et romaines*, M. Jean de Bonnefon a conté ceci :

> Le cercle des ducs (du pape), qui devient chaque jour plus nombreux, est fort ému par les incidents du procès en annulation de mariage Féry d'Esclands-de Dampierre.
>
> Le rejeton de M. le duc Féry d'Esclands s'était uni à une jeune et gracieuse fleur héraldique des vallons d'Angoulême, Mademoiselle de Dampierre. Une longue enquête, menée avec discrétion et prudence par M. Ricard, le savant évêque d'Angoulême, aurait démontré la non consommation du mariage, quoique l'union eût été bénie par son Excellence le nonce apostolique. Le fils de M. le duc Féry d'Esclands admet volontiers l'annulation; mais il ne veut pas que le motif en soit son impuissance. Ce cas présente quelques inconvénients, entre autres l'impossibilité d'un nouveau mariage religieux. Or à quoi bon faire annuler une première démarche si ce n'est pour en faire une autre?
>
> La seconde annulation de mariage dont on parle dans les cours est celle de M. de Bernis et de la comtesse d'Oncieu. La jeune femme, de très bonne maison israélite, avait épousé en premier mariage le comte d'Oncieu, d'une illustre famille de Savoie. Après la mort de son mari, qu'elle entoura de soins, elle épousa le petit neveu du cardinal de Bernis.
>
> La famille de Bernis demande aujourd'hui la nullité de ce mariage, pour cause d'erreur sur la personne. La jeune femme, qui fut un écrivain rare sous le nom de Ghislaine, se défend avec adresse. Le tout se passe à l'archevêché d'Avignon, puis viendra en cour de Rome.

Il y a divers profits à tirer, comme on devine, de ces intrusions dans les secrets les plus intimes des familles.

D'abord, une « offrande » à l'évêque et au pape pour faire « introduire » l'affaire d'annulation de mariage. C'est une façon de tâter la fortune des demandants.

Puis les frais d'enquête épiscopale, c'est-à-dire de l'enquête faite par l'évêque du lieu où l'affaire est introduite, sur les conditions dans lesquelles le mariage a été contracté et sur les relations des époux (déclarations des parents, des prêtres qui ont béni le mariage et des témoins, visites des

Devant la mule du pape !

médecins et des experts, dépositions des domestiques, etc.). L'*Annuaire pontifical* nous prévient qu'on ne sait jamais jusqu'où peuvent aller ces frais d'enquête :

Dans une cause de mariage, il faut compter d'abord les frais de l'enquête faite par la cour épiscopale, et ceux-ci seront plus ou moins considérables selon le nombre des témoins, leur éloignement de la curie épiscopale, les indemnités à leur fournir, les experts dont on invoquera le témoignage.

Au même *Annuaire pontifical* nous empruntons textuellement ces avertissements révélateurs :

On trouve, et surtout à Paris, des personnes qui vous disent, après avoir examiné votre procès (en cour de Rome) : cela vous coûtera tant, et le chiffre qu'elles donnent est toujours fort élevé. Cela se conçoit. Cet intermédiaire, qui peut être bienveillant mais pas toujours désintéressé, prendra une forte commission sur toutes les sommes qui passeront par ses mains. C'est lui qui traitera avec l'avocat qu'il aura choisi, et, dans le contrat qu'il fera avec lui, il se conservera, sinon la part du lion, au moins celle du lionceau. L'avocat, de son côté, se voyant réduit à la portion congrue par les prélèvements de l'intermédiaire, relèvera sa note et demandera parfois le double de ce qui est nécessaire. JE DIS LE DOUBLE, MAIS IL EST ARRIVÉ QU'ILS AIENT DEMANDÉ DIX ET VINGT FOIS LA VALEUR DE CE QUI LEUR ÉTAIT LÉGALEMENT DU.

C'est donc tout un commerce, et qui ne sort pas de la sainte Église. Les intermédiaires et les avocats dont parle l'*Annuaire* sont des ecclésiastiques ou de pieux laïques : vicaires généraux, officiaux, chanoines, canonistes, secrétaires d'évêché et, au Vatican, une nuée d'abbés, de prélats et de camériers du pape.

Nous donnons quelques-unes de leurs taxes d'après l'*Annuaire pontifical* :

FRAIS POUR LE PREMIER MÉMOIRE

Copie du dossier, 0 fr. 75 par feuille de 4 pages in-8.

Examen du dossier. S'il n'est pas trop long, 50 francs; s'il est considérable, 100 francs.

Congressi ou entrevues avec la partie adverse ou le client. Chaque, 17 francs.

Dans le cas où il n'y a pas eu de ces entrevues, l'avocat a cependant droit à s'en faire payer deux, soit 34 francs.

Examen de la défense contraire. Si elle n'est pas volumineuse, 50 francs et, si elle est considérable, 100 francs.

Échange des défenses : 6 francs.

Lettres à envoyer, à moins qu'elles soient trop nombreuses, 20 francs.

Pour concorder le doute avec l'auditeur. Par chaque doute, 6 francs.

Résumé de fait et de droit. Par feuille de 4 pages, 30 francs.

Extension de la cause. Par feuille de 4 pages, 30 francs.

Frais d'impression de la cause. Par feuille de 4 pages, 9 francs

Corrections d'imprimerie. Par feuille, 2 francs.

Chaque manchette à mettre au mémoire (apostille), 1 franc.

Pour mettre en ordre le sommaire, c'est-à-dire les documents (*allegati*) joints au mémoire de l'avocat comme pièces justificatives, 20 francs.

Pour chaque accès en chancellerie, 6 francs.

FRAIS POUR LA RÉPLIQUE A L'ADVERSAIRE

Examen de la réplique contraire. Si elle n'est pas volumineuse, 50 francs ; si elle est volumineuse, 100 francs.

Congressi ou entrevues avec le client ou la partie adverse. Par congrès 17 francs.

L'avocat, s'il n'y a pas de congrès, a droit à en marquer un sur sa note, 17 francs.

Résumé de fait et de droit. Par feuille de 4 pages, 30 francs.

Extension de la réplique. Par feuille de 4 pages, 30 francs.

Impression de la seconde défense. Par feuille, 9 francs.

Correction de l'imprimé. Par feuille, 2 francs.

Apostilles ou manchettes. Chacune 1 franc.

Pour mettre en ordre le sommaire de la seconde défense, 10 francs.

Corrections d'imprimerie pour le sommaire. Par feuille d'impression, 5 francs.

Tout compris « un procès en cour de Rome, dit l'*Annuaire*, conduit *juris ordine servato*, peut revenir à peu près à 1.700 FRANCS.

Cela n'est que la petite chicane, et calculez bien que, dans le cas spécial d'un procès pour annulation de mariage, il y a deux plaidants, deux avocats, et que les taxes sont doublées.

L'*Annuaire pontifical* n'arrête pas là ses « taxes ». La Sacrée Congrégation nomme d'office un troisième avocat, qu'on appelle le « défenseur du lien » et qui est chargé de répondre aux avocats des deux parties.

« Il faudra ajouter, dit l'*Annuaire*, les frais du défenseur du lien. »

Ajoutons :

Honoraires d'un « défenseur du lien » : 500 FRANCS.

L'*Annuaire pontifical* cite pour exemple le compte des honoraires et frais d'une cause jugée en 1883. (Depuis lors, les comptes n'ont pu qu'embellir !)

PREMIER MÉMOIRE

Examen de la position pour le premier doute, 108 francs.
Concordance des doutes, 32 fr. 50.
Congressi, au nombre de deux, 32 fr. 50.
Résumé de fait et de droit, 30 francs.
Extension de la cause, 84 francs.
Congrès dans la maison du défenseur du lien, au nombre de deux, 32 fr. 50.
Examen de la position pour le second doute, 108 francs.
Congressi au nombre de deux, 32 fr. 50.
Résumé de fait et de droit, 30 francs.
Extension de la cause pour le second doute, 75 francs.
Correction des épreuves d'imprimerie, 65 francs.
Apostilles au sommaire, 30 francs
Accès à la secrétairie, imprimerie, voitures, 20 francs.
Frais de copie du procès, 100 francs.

RÉPLIQUE.

Trois *congressi*, 48 francs.
Résumé pour les deux doutes, 24 francs.
Extension de la réponse, 120 francs.
Correction des épreuves d'imprimerie, 15 francs.
Deux distributions aux cardinaux, 30 francs.
Distribution aux prélats, 15 francs. (Elle n'existe plus aujourd'hui).
Information aux cardinaux, 48 francs.
Frais de voiture, 20 francs.
Accès à la secrétairerie, correspondances et *congressi* avec Mgr le secrétaire, 50 francs.
Honoraires de l'agent employé dans la cause, 150 francs.
Au second avocat appelé en aide, et pour son nom, 100 francs.

AUTRES FRAIS

Frais d'imprimerie, selon reçu, 255 francs.
Pourboire donné aux compositeurs, 10 francs.
Mancia au portier du Concile, 5 francs.
Mancie aux salles des cardinaux qui ont assisté à la Congrégation, 20 francs.
Somme payée au défenseur du lien pour ses honoraires, 500 francs.
Mancie aux salles de l'Eme cardinal préfet et de Mgr le secrétaire, 100 francs.

Et l'*Annuaire* déclare un total général de 2.287 francs.

Est-ce fini ? Non... Ajoutons encore !

Quelques frais accessoires « entourent » la sentence.

AUTOUR DE LA SENTENCE

Frais de distribution aux cardinaux, 15 francs.
Frais de voiture pour l'avocat qui va informer les cardinaux, 48 francs.
Information à Mgr le secrétaire, 10 francs.
Voiture pour distribuer aux cardinaux la réplique de l'avocat, 15 francs.

Après les frais accessoires, les *mancie*... Ajoutons toujours !

Certes, au Vatican qui vit de mendicité pieuse, n'oublions pas les *mancie*, ou « petits cadeaux », ou pourboires. Le même mot d'ailleurs veut dire : pot-de-vin.

La partie qui a gain de cause, ou même les deux époux qui ont fait une demande concertée d'annulation de mariage, doivent offrir « en cas de victoire » :

A la salle du cardinal préfet, 50 francs.
A la salle de Mgr le secrétaire, 50 francs.
A la salle de chaque cardinal qui a assisté à la séance, 10 francs.
Au portier de la Sacrée Congrégation (Bidel), 5 francs.

Le portier de la Sacrée Congrégation (Bidel) a ses cent sous. Tout est donc payé, des intermédiaires et avocats jusqu'au portier. Les cardinaux seraient-ils les seuls à n'être pas inscrits aux -taxes ?

L'*Annuaire pontifical* dit :

Frais de la sentence elle-même. — *Ils sont fixés par la sentence, et on ne peut rien en dire.*

On peut tout en dire, et même qu'elle est fort chère. La sentence se tarife d'après ce que l'enquête a fait connaître de la condition de fortune des personnes à désunir, et comme les cardinaux ne s'occupent que des gens riches, ils ramassent souvent la forte somme. Ils ont soin de prendre leur monde par la vanité : « Offrez au Saint-Père ce que vous voudrez ! ».

Ça ne finit pas à moins d'une *mancia* sacrée de 50.000 à 100.000 francs, et au-delà. Qu'est-ce que la religion ? C'est la sottise des uns exploitée par la rapacité des autres.

Il n'est point rare, certes, que des affaires de mariage soient emmêlées de drames d'amour ou de graves intérêts politiques. Alors, c'est une hausse certaine des prix. Telle princesse dut verser deux millions pour passer du lit d'un prince de la Côte d'Azur dans celui d'un noble lord anglais.

*
* *

Décorations du pape.

Pourtant, l'*Annuaire pontifical* déclare que « ce ne sont point ces sentences qui, comme on le croit à tort, remplissent les caisses du Denier de Saint-Pierre ».

Le Vatican a d'autres moyens de vivre. Le trafic des indulgences, des annulations, est de beaucoup dépassé par celui plus moderne des décorations et des titres de noblesse : sacs et parchemins.

I. — Par dérision, sans doute, le premier Ordre de Chevalerie que le Vatican exhibe à son bazar est *l'Ordre du Christ*, avec un collier riche pour insigne. Pauvre chemineau de Galilée !

Léon XIII, à la fin du Kulturkampf, envoya cet Ordre à Bismark, qui le reçut avec un gros rire : « Ah ! le pape de Rome, dit-il, veut me mettre le collier au cou ! »

II. — Le second Ordre est celui de Pie IX, fondé par ce pape en son exil de Gaète pour récompenser les rares serviteurs qui lui étaient demeurés fidèles. Il compte trois classes : grands-croix, commandeurs, chevaliers.

Dans la liste de ces chevaliers de Pie IX, dont la vénération posthume est aujourd'hui monnayée, on trouve des commerçants fort honorables de Montréal et de Québec (Canada), M. Harmel, le grand filateur clérical, M. le duc de Doudeauville, le généralissime Brugère (la République était bien gardée), puis toute une menue clientèle payante.

Il est à penser, toutefois, que le seul culte de Pie IX ne ferait pas ouvrir les coffres-forts. L'Ordre de Pie IX confrère la noblesse. En achetant la décoration, on se fait, pour le même prix, comte romain, sans avoir à établir sa descendance en bâtardise de quelque cardinal. Une *combinazione* si engageante et facile a des gogos tout trouvés.

III. — Le troisième, l'Ordre de Saint-Grégoire-le Grand, a un ruban rouge, dans les couleurs vives duquel se perd le jaune honteux d'un liseré devenu imperceptible. C'est, a dit Jean de Bonnefon, « un hommage d'envie au ruban de la légion d'honneur». Il est très recherché par nos marchands de vins, nos marchands d'huiles et nos publicistes français qui « font » la clientèle catholique et qui le soir, au café, voudraient bien être confondus avec les décorés ordinaires.

Quelques célébrités de l'Ordre : le fameux amiral de Cuverville, qui confiait à saint Michel les cuirassés de la République ; le négociant Chanu ; Le Grand (Marcel), directeur général de la *Bénédictine* de Fécamp ; Roland Gosselin, agent de change et dépositaire de testaments chiliens ; Marc Sangnier, directeur du *Sillon* (démocrate indépendant, qui n'achète pas les rubans de Rome, lacets d'esclaves) ; Mame, imprimeur ; et des industriels de Lille, de Roubaix, de Lyon, avec tous les rédacteurs des *Croix*, les uns portant les autres.

IV. — Le quatrième, l'Ordre de Saint-Sylvestre, est celui que le Vatican présente comme le plus ancien de sa collection. Paul III avait vendu à la famille Sforza le droit de l'exploiter sous le nom de l'ordre de l'Éperon d'or. Une molette d'éperon pendait, en effet, au bas de la décoration, sans plus de raison qu'il n'en faut pour d'autres agencements de ces joujoux de la vanité humaine. En 1841, le Saint-Siège reprit l'exploitation à son compte. Et depuis on a vu les chevaliers de Saint-Sylvestre se multiplier en proportion des besoins d'argent des tenanciers de la boutique. Il y en a des milliers et des milliers, aux quatre vents de la niaiserie.

Insigne : ruban aux raies rouges et noires : Costume : frac rouges à deux rangées de boutons d'or ; pantalon de satin blanc à bandes d'or ; épée d'argent et chapeau à plumes.

Nos compatriotes français, Pidoux (de Saint-Claude), Escarraguel (maire d'Ambès, Gironde), Touchebœuf (maire de Mouzens, Dordogne), chevaliers de Saint-Sylvestre, doivent être fort imposants en ce costume. Nous demandons pour eux les libertés du mardi gras : qu'ils daignent se produire !

V. — Et ils n'ont pas d'Éperon d'or. Car le pape Pie X, qu'on aurait cru occupé à des choses plus hautes, du côté du septième ciel, a dédoublé, par un *Motu proprio* de 1905, le vieil Ordre de Saint-Sylvestre et en a tiré un ordre nouveau, appelé « Ordre de la Milice dorée ou de l'Eperon d'or, sous le patronage de l'Immaculée-Conception ».

La croix est d'or à huit branches ; au centre elle porte un médaillon blanc à l'effigie de la

Vierge, en dessous l'éperon d'or. Le tout va tant bien que mal ensemble.

Il ne doit y avoir, dans tout le monde catholique, que cent chevaliers de cette Milice à l'éperon d'or et à l'effigie de la Vierge. Et jusqu'à présent le pape Pie X n'en a nommé que deux :

M. Giulio Bertarelli, de la maison Tanfani et fils (maison de bijouterie), à Rome (janvier 1905).

M. Alphonso Romanini, de la maison Tanfani et fils (même maison de bijouterie), à Rome (janvier 1905).

La Milice commence par des fournisseurs, et il semble bien que les éperons aient dû remplacer les écus d'or pour certaines factures. Il y a encore quatre-vingt-dix-huit places à prendre, pour ceux qui voudraient se laisser payer de cette monnaie du pape.

VI. — Enfin, au bas de l'étalage, les croix *Pro Ecclesia et Pontifice* et les médailles *Bene merenti*, ces « palmes » et « poireaux » du Saint-Père. On en a de tous les prix, depuis les 20 francs pour le camérier impécunieux jusqu'au cadeau du cardinal « selon ses intentions ». Tout le monde en vend, et les femmes sont admises.

Mme Lucie Félix-Faure a la croix *Pro Ecclesia et Pontifice*, qui orne aussi la poitrine de M. Jouvenel, « sacristain de l'église Saint-Denis, à Montpellier, sacristain honoraire de la basilique de Lourdes dans les jardins du Vatican », et celle, au gousset bien garni, de M. Feron-Vrau, directeur de la *Croix*.

Tel est le bazar, avec ses divers rayons. Nous pouvons même dire comment les clients doivent s'y présenter; les plus sûres indications, à cette fin, sont données par l'*Annuaire pontifical*, et c'est une forme de publicité onctueuse qu'il faut savourer pour bien connaître le Vatican.

« *Il ne convient pas*, *dit* l'Annuaire, *de faire soi-même la demande d'une décoration pontificale. Rappelons-nous que nous sommes dans l'Église et qu'un peu d'humilité est toujours de mise...* »

L'acheteur a donc l'humilité qui est de mise. Il s'adresse à son évêque par simple formalité, et obtient de lui une recommandation banale : histoire de s'en débarrasser, car l'évêque ne doit pas s'interposer en ces « tractations » délicates. Il peut ensuite partir pour Rome.

Là, des *agents ecclésiastiques* spéciaux, parfaitement connus et reconnus, dont les noms sont publiés à l'*Annuaire*, prennent l'affaire en mains. Premier versement : 1.000 à 2.000 francs.

La supplique est rédigée par l'agent choisi; elle énumère les mérites du client : brillantes qualités de foi et de dévouement à l'Église, services rendus et à rendre à la cause du Saint-Siège, intentions généreuses. L'agent remet cette supplique au bureau des Brefs (second étage de la Chancellerie). Ne pas oublier le secrétaire des Brefs, l'éminentissime cardinal Macchi, pour lequel l'agent se fera verser 3, 4 ou 5.000 francs, dont une partie encore lui restera entre les doigts.

La secrétairerie des Brefs avisera sans tarder le nonce ou le chargé d'affaires secret du pays qu'habite le client. C'est le moment d'intervenir auprès de ce Lorenzeli ou de ce Montagnini, car c'est lui qui mènera l'enquête, c'est-à-dire conduira la négociation, fera le marché. Une offrande digne du Saint-Siège et proportionnée aux malheurs des temps, doit-être portée dès la première visite à la nonciature : la somme se débat intérieurement, à la vue du nez du client; elle ne saurait être inférieure à 10.000 francs, et elle peut atteindre 50.000. L'enquête se prolonge d'autant plus que le client met plus de temps à comprendre.

A la nouvelle de l'heureux résultat de l'enquête, qu'il fallait prévoir, et de l'insigne faveur accordée par Sa Sainteté, il y a lieu de verser l'obole au denier de Saint-Pierre : environ 1.000 francs.

Reste la note des droits officiels pour l'expédition des Brefs, ainsi fixés :

Chevaliers, 1.430 francs ;

Commandeurs, 2.860 francs ;

La plaque, 3.400 francs ;

Grands-Croix, 5.550 francs.

Puis, chaque année que le bon Dieu du pape fera, quêteurs et quêteuses du Denier de Saint-Pierre ou autres œuvres pies frapperont à la porte du chevalier du pape : il est sur la liste glorieuse des « hommes d'œuvres ». L'âpre rançon a commencé pour ne jamais finir.

Il n'est pas d'exemple que les clients du Vatican n'aient trouvé l'affaire mauvaise. Ceux de France sont même exposés, depuis la rupture diplomatique avec le Saint-Siège (1904), à une déconvenue nouvelle : non seulement leur décoration pontificale est presque aussi peu présentable que celle de l'empereur du Sahara, mais encore la Grande-Chancellerie refuse de l'enregistrer. Les Ordres du pape ne sont plus reconnus en France, et comme nul ne peut porter un ruban, une croix, sans la reconnaissance officielle et le visa des titres, les décorés pontificaux sont obligés de tenir les insignes chevaleresques cachés près de la peau, à côté de leurs scapulaires. Ce n'est évidemment pas pour ça que l'on se faisait décorer à Rome.

Aussi bien commence-t-on à se rendre compte,

au Vatican, du discrédit dans lequel est tombé le bazar. C'est, sans doute, pour ne compromettre personne qu'on a résolu de ne publier aucun nom de décoré du pape. La liste est tenue à l'abri de toute indiscrétion, à la Chancellerie Vaticane. L'*Annuaire Pontifical* dit : « La Secrétairerie des Brefs possède bien la liste complète, mais elle se refuse, par une discrétion très légitime et que l'on comprend, à les communiquer (les noms) sans la permission des intéressés. »

.·.

L'Ordre des Avocats de Saint-Pierre et le ménage Lautier. — Entôlages sacrés.

Il y a deux ou trois ans, sur des plaintes innombrables, la police française dut arrêter, au *Rosier de Marie*, le directeur de cette feuille d'excitation pour dévotes hystériques, certain commandeur du pape, M. Lautier, marguillier apoplectique, et sa sèche épouse, Mme Lautier. Le ménage était accusé de pratiquer l'escroquerie en vendant une décoration du pape. Il s'adressait aux divers fournisseurs de la clientèle cléricale, marchands de vins de messe, banquiers des prêtres, tenanciers d'hôtels pour pèlerins et pour vicaires en escapade avec enfants de Marie, fabricants de liqueurs congréganistes, éditeurs de saintes images, commerçants en chapelets et scapulaires, et faisait tous ces gens, pour un prix modéré, « Avocats de Saint-Pierre », membres de « l'Ordre des Avocats de Saint-Pierre » !

Mme Lautier, présidente des zélatrices de l'Ordre, pratiquait avec une bande d'entôleuses la reconnaissance et le racolage des « gogos » ; elle les amenait, une fois trouvés et charmés, à comprendre les misères et les souffrances du pauvre pape qui est sur la paille, et finalement les repassait à M. Lautier qui leur délivrait solennellement un brevet aux armes pontificales, chargé d'enluminures, et les proclamait « Avocats de Saint-Pierre », défenseurs du souverain pontife, après avoir touché 100 ou 150 francs.

Devant les divers juges d'instruction de Paris, de Marseille, etc., qui eurent à les interroger, M. et Mme Lautier affirmèrent qu'ils étaient vraiment les représentants de Pie X et du cardinal Respighi pour ce trafic miteux. On se demanda s'ils disaient vrai. Le cardinal Respighi fut invité à donner des explications et, interrogé par commission rogatoire, il avoua.

L'*Osservatore romano* publia (1905) la note officielle suivante :

A la suite de polémiques soulevées dans divers journaux, tant italiens qu'étrangers, relatives à l'Ordre romain des Avocats de Saint-Pierre, nous pouvons assurer sans crainte d'être démentis que cet Ordre fut fondé à Rome en l'année 1877, d'après l'initiative du comte Agnelli dei Malberbi, avec l'approbation du souverain Pontife Pie IX, de sainte mémoire, et avec celle de Léon XIII, qui en 1879 le mit sous la protection du cardinal vicaire *pro tempore*.

Le premier président fut le comte Agnelli dei Malberbi. A sa mort, *M. le commandeur Pierre Lautier* fut appelé à lui succéder par billet de Son Éminence le cardinal Lucido Maria Parocchi, protecteur de l'Ordre.

L'Ordre des Avocats de Saint-Pierre, sans être un ordre équestre, a pour insignes une croix surmontée de la tiare pontificale et au centre l'image du prince des Apôtres entourée des mots : « Avocats de Saint-Pierre ».

C'était la reconnaissance officielle. Le commandeur et Mme Lautier étaient bien les agents du pape. Sans être équestre, l'Ordre était parfaitement lucratif. Il fut établi que chaque année les entôleurs portaient leurs versements au Vatican. De 1903 à 1904, ils avaient remis 9 à 10.000 francs de chèques. Tandis qu'ils furent en prison, Saint-Père et cardinaux gardèrent le profit des affaires faites et s'affligèrent seulement que le commerce fût interrompu.

Une liste qu'on ne montrera pas à la Chancellerie, c'est celle des Avocats de Saint-Pierre, liste d'escrocs et de dupes, navrante attestation d'entôlages sacrés !

Noblesse du pape à tous les prix.

Il faut lire la *Ménagerie du Vatican*, de Jean de Bonnefon, pamphlet férocement documenté.

Jean de Bonnefon écrit :

« Et on dit qu'en France la noblesse s'en va ! Elle vient, au contraire, toute fraîche et toute neuve, satisfaire le besoin d'inégalité dont souffre une société égalitaire.

« Ce qui est amusant, ce n'est pas l'histoire particulière de chaque cas, c'est l'histoire générale de ces familles titrées à Rome qui cachent leurs origines dans une nuit profonde, nuit qui fait aux badauds l'effet d'être la nuit du temps. »

De même qu'il décore des niais et des escrocs, le pape, en effet, anoblit les parvenus et les tarés : il y a différence de prix, mais c'est la même honte.

Jean de Bonnefon indique la recette pour obtenir les hochets romains :

« On peut avoir rendu des services à l'Église bien que cela nuise au demandeur et complique singulièrement sa situation. Il faut adresser une demande au pape, la faire appuyer par un évêque, payer le tarif publié, et surtout acquitter le tarif secret.

« Le titre de DUC, qu'on vend aux ténors et qu'on donne aux héros, coûte UNE CENTAINE DE MILLE FRANCS.

Le titre de COMTE, le plus demandé, vaut VINGT MILLE FRANCS.

« Le titre de BARON est de DOUZE MILLE FRANCS.

« Avec des commissions bien placées, il est facile d'obtenir des réductions. »

Princes et marquis du pape se font à des tarifs à débattre.

L'Église ne néglige jamais les femmes. Elles peuvent, pour quatre mille francs, avoir un titre de comtesse non héréditaire. Les vieilles gardes de la galanterie ont là un moyen commode, en gagnant le ciel, de s'assurer une retraite honorable, au lieu de risquer les secousses d'un mariage avec de fringants gentilshommes entretenus.

De par le pape et sur facture :

Barascud, ancien député, est comte.

Bardeau, marchand de vins de Bourgogne, est comte.

Belhomme, conseiller d'État, est comte de Franqueville et propriétaire du château de la Muette par alliance avec la famille Érard (piano s Érard).

Edmond Blanc, des jeux de Monte-Carlo, est comte.

Les Chandon, marchands de vins de Champagne, sont comtes Chandon de Briailles (on dit parfois dans les cercles : Chandon de Futailles).

Chartran, peintre, est comte.

Delarbre, ancien député clérical de Caen, devenu socialiste, est comte.

Frisch, gendre de Mme Lebaudy, est comte de Fels.

Les Hennessy, hollandais, marchands de cognac, en Charente, sont comtes.

Henri Lavedan a hérité de son père, qui fut directeur du *Correspondant*, le titre de comte dont il se moque.

Le Foulon, policier de la Sûreté de Paris, mis à la disposition du sultan pour la surveillance de son harem, a été fait comte, on ne saura jamais pour quels services spéciaux.

Isidore Lévy, israélite, est comte pontifical avec armes « d'azur au croissant d'or ».

Loubat, fils du concessionnaire des premiers tramways de Paris (1867), gros entrepreneur et duc de Loubat, ami trop intime du cardinal Lorenzelli, avec qui il se brouilla naguère pour l'avoir trouvé trop attentif aux charmes et appâts d'une très jeune duchesse de Loubat *in partibus*, bien que celle-ci n'eût pas demandé mieux que d'atteler duc et cardinal ensemble.

Le notaire Molinier, de Perpignan, est comte.

Les Lebœuf, descendants d'un banquier, sont comtes de Montgermont.

Marquet de Vasselot est comte, titre qui paie à leur valeur ses sculptures.

Martinet, ancien sous-préfet, est comte.

Elie Salomon, juif et banquier algérien, est comte.

Werlé, gros marchand de vins de Champagne, est comte.

Etc., etc.

Vous reconnaîtrez que le Gotha pontifical est surtout un Bottin du commerce et de l'industrie : le Vatican y trouve son compte. A tel point que les cardinaux, depuis quelque temps mal payés, reçoivent de Sa Sainteté des parchemins en blanc, signés d'avance. Ils n'ont qu'à toucher le prix et ajouter un titre quelconque : prince, duc, marquis, comte, baron. Cela leur fait quelques petits moyens de vivre.

« Les titres, du reste, sont anonymes, dit Jean de Bonnefon. Ils sont sur peau, sans gravure, et commencent par ces mots : « Cher fils ». Le titulaire n'est jamais nommé dans le cours de la lettre et la souscription se trouve au dos du vélin. Le cachet du « Pêcheur » scelle le tout; et un cardinal signe. »

Qui en veut, à 12, 15 ou 100.000 francs ?...

*
* *

La Ruine.

Ce trafic de bas mercantis laisse assez deviner que le Vatican est en mal d'argent. Léon XIII,

Les Jardins du Vatican en ruine.

mauvais administrateur comme tout avare, perdit quarante millions en des spéculations diverses où son caissier, monsignor Folchi, l'avait entraîné. Celui-ci, présumant la disgrâce, partit pour Constantinople avec une dizaine de millions et sa maîtresse. Et ce double malheur démunit lamentablement les finances pontificales.

Une commission cardinalice fut nommée. Elle surveilla les livres de compte et l'entrée ou sortie des titres. Mais Léon XIII garda toujours ces titres, l'argent, l'or, employant ses insomnies à palper tout cela, de ses doigts d'Harpagon, dans le coffre qui ne quittait pas sa chambre à coucher. On se souvient de la disparition mystérieuse de ce reste des trésors anciens à la mort du dernier pape. Une légende courut que le cardinal Gotti aurait rapporté un jour cinquante millions : il n'en fut rien. Pie X se trouve aux prises avec de très graves difficultés financières. Et le Denier de Saint-Pierre baisse de plus en plus.

Pie X a donc supprimé les pauvres pensions des vieux zouaves pontificaux. Il a diminué les appointements de la garde d'honneur. Il a cessé de verser à l'*Univers* les 30.000 francs de subvention annuelle accordée par Léon XIII. Quand une terrasse s'écroule au jardin du Vatican, il fait faire un tassement au lieu de la relever. C'est la misère.

Seule la nuée de ses camériers est intangible et irréductible en sa voracité : il faut que tous ces prélats — ils sont des centaines au Vatican ! — mangent, et mangent bien. Les frais d'administration, pour le seul palais du Vatican, s'élèvent à SEPT MILLIONS PAR AN.

Voilà pourquoi le pape se tourne vers la monarchie italienne : il a déjà accepté 8 à 9 millions d'indemnité pour la prise des territoires pontificaux ; il se prépare à toucher les autres millions que lui offre depuis trente-sept ans la loi des garanties (1).

En attendant, toute la *camera* vit d'expédients multiples. Nous ne pouvons tout citer. Mais voici, par exemple, la rançon des « héritages » de prêtres. L'anecdote suivante est véridique, que conte Jean de Bonnefon.

« Parmi les prélats français en résidence à Rome, il ne faut pas oublier monseigneur Sallot de Brobèque, bien que le Saint-Père ait prié ce personnage de s'éloigner. Desservant à Arques, curé à Luxeuil, l'abbé Sallot était honorablement pauvre. Un beau jour il se réveilla riche d'une dizaine de millions, en mal de noblesse et même de prélature. Son archevêque, qui était un grand et saint pasteur, à la manière des anciens prélats de France, s'émut et demanda l'origine de la fortune : « C'est la mort d'une de mes tantes en pays d'Alsace », gémit l'abbé. L'archevêque prit des informations et ne trouva pas trace de la tante. « J'ai fardé la vérité, avoue l'abbé Sallot; j'ai gagné des millions à la Bourse, où je suis conseillé par un banquier de mes amis. » L'archevêque de Besançon s'informa, le banquier dont l'abbé Sallot avait donné

(1) Le Vatican a pourtant fait annoncer par les journaux catholiques qu'il n'était pas encore réduit à accepter les millions de rente mis à sa disposition par le gouvernement italien, conformément à la loi des garanties, et que Pie X s'était résolu à faire, sur le personnel de l'administration ecclésiastique, d'importantes économies pour éviter l'humiliation du recours à « l'envahisseur de Rome ». — D'autre part, le correspondant du *Figaro* à Rome, généralement bien renseigné, a publié l'information suivante : « Les évêques des Etats-Unis et ceux du Canada viennent d'assurer au Pape une offrande annuelle d'un million de dollars, c'est-à-dire de cinq millions de francs. C'est à Mgr Falconio, Fransciscain, ancien délégué apostolique au Canada, actuellement délégué apostolique aux Etats-Unis, que revient l'initiative de cette offrande si avantageuse pour le Saint-Siège. On m'affirme que cette somme sera formée en grande partie par des quêtes faites parmi les catholiques des deux pays. Dans le cas où ces quêtes ne produiraient pas suffisamment, les évêques se sont engagés à parfaire la somme en prélevant la différence sur leurs revenus diocésains. » Le Vatican a fait démentir ces bruits; mais s'ils ne sont pas entièrement exacts aujourd'hui, ils le seront demain : les évêques du pays des dollars seront amenés à comprendre l'invite romaine.

le nom n'existait pas. La mort empêcha le grand archevêque de continuer son enquête. Les successeurs furent moins difficiles; au lieu de chercher l'origine de cette obscure fortune, ils la drainèrent et, malgré lui, l'abbé Sallot devint un homme d'œuvres. »

A l'ombre du Vatican viennent s'échouer, occupant des palais autour desquels erre le répugnant contraste des *scagnozzi*, nombre de ces prêtres à héritages louches, à fortunes ramassées dans l'intrigue ou le crime; ceux-là n'obtiennent le droit d'asile que par une forte rançon. Les Sallot sont bien contraints de faire dans leurs millions la part pontificale. A cette condition seulement on les laisse tranquilles, à l'abri de la police.

Les congréganistes français qui se sont exilés en Italie, sont invités à verser leurs économies et provisions de route à une « banque catholique » dans laquelle le pape a une part de bénéfices.

Quand le Saint-Père crée un cardinal, nomme un évêque ou fait camérier un abbé opulent et généreux, il est d'usage qu'il « offre un bijou », un mauvais doublé avec de fausses améthystes ou de faux grenats. Le joaillier, à cette occasion, doit payer en vraies pierres la commission du toc vendu : il y en a pour tel cardinal du palais et quelquefois pour telle comtesse pieuse, que chacun sait être l'amie de Son Éminence. « Le titre de fournisseur de Sa Sainteté, disait un jour l'orfèvre du Vatican, me coûte mes 10 à 15.000 *lire* de cadeaux par an. »

⁂

Un monde qui s'en va.

Nous ne quitterons pas Rome sans aller voir de près l'argile croulante du colosse. Prenons par la

colonnade et les ruelles, près de l'ancienne Sacristie de Saint-Pierre, à gauche. Les fenêtres entr'ou-
vertes laissent paraitre un amoncellement chao-
tique de vieux bancs hérissés de clous et de
pointes, de chaises et stalles pourries, d'échafau-
dages informes, de poutres, barres et planches,
comme il en est dans les magasins de décors de
théâtres. Sans doute les décors des fêtes et béné-
dictions papales, débris d'antiques splendeurs.

Laissons derrière nous le sinistre palais du
Saint-Office ou de l'Inquisition, cette chose morte.
Parmi la stupidité et la barbarie religieuses, il y a
donc bien des ruines ! Voici la *Piazza della Sa-
grestia* (de la nouvelle Sacristie). Les pavés sont
disjoints, soulevés par l'herbe qui pousse là de
même que dans la rocaille sauvage. Nous faisons le
tour de Saint-Pierre par la *Via della Fondamenta*
(la rue des Fondations). C'est un entassement immense, par l'étendue (15.160 mètres carrés de
surperficie, trois fois l'espace qu'occupe Notre-
Dame de Paris), et par la massivité (les mur for-
midables semblent faire un effort tourmenté pour
tenir là-haut, dans les airs, le dôme gigantesque).
La Force sacerdotale qui a bâti cela voulut appa-
remment écraser la Terre. Mais il est difficile, à
travers les siècles, de maintenir en sa puissance
accablante cet orgueil de pierre et de marbre. Les
fondations se désagrègent de pilier en pilier, autour de Saint-Pierre, par le travail de l'humidité
séculaire qui les ronge. La *Via della Fondamenta*
est, du côté du palais du Vatican, une ruelle à peine
praticable, encombrée d'éboulements. Un bloc dé-
taché de Saint-Pierre s'ensevelit sous une dégrin-
golade des murs et des terrains du jardin pontifical
dont les premières terrasses dominent la *Via della
Fondamenta*. Là-haut le dôme lui-même ne résiste

pas à l'éventrement des crevasses que par l'aide
d'énormes cercles de fer dont on dut l'enserrer
au dix-huitième siècle et qui demeurent une humiliation parfaitement visible aux visiteurs. Le palais
enfin, de ce côté des jardins et du *Cortile del
Forno*, ne se défend que par de perpétuels rapiè-
cements de murailles. Certes, l'antique grandeur
paraît encorecomme la noblesse sous les haillons ;
mais c'estbien l'ébranlement, la croulée commen-
çante, despierres et du dogme, des palais et de
l'autorité, du Vatican et du pape.

Un monde qui s'en va !

VICTOR CHARBONNEL.

30-7-07. — Tours, imp. E. Arrault et Cie.

LIBRAIRIE DE **LA RAISON**
SOCIÉTÉ D'ÉDITIONS LITTÉRAIRES, SCIENTIFIQUES ET SOCIALES
5, place de l'Odéon, PARIS 6ᵉ

Anticléricalisme et Libre Pensée scientifique

I. - BROCHURES (de moins de 1 franc)

BEAUQUIER (Ch.), **Petit Manuel des Esprits forts**........ 0 fr. 20

BOUVIER (Jean), **Nos bons Curés,** *leurs Joyeusetés, leurs Péchés,* 1 fort vol. in-12................... 0 fr. 95
— **Sécularisée,** 1 fort vol. in-12. 0 fr. 95

BRISSON (Henri), **La Congrégation,** aperçu historique (1871-1901).................... 0 fr. 50

CHARBONNEL (Victor), **Sensations de Vie**................... 0 fr. 50
— **Dieu, l'Homme et le Singe** 0 fr. 60

DIOGÈNE (Eugène Hins), **Poèmes Bibliques,** deux séries en 2 vol. de 104 pages chacun, les 2 vol. 0 fr. 70
— **Que penser de Jésus ?**.. 0 fr. 35

CLÉMENT (J.-B.), **La Chanson populaire,** recueil de chansons 0 fr. 20

FAURE (Sébastien), **Les Crimes de Dieu**.................... 0 fr. 20
— **Réponse aux paroles d'une croyante.**............... 0 fr. 20

FRANCE (Anatole), **Le Parti Noir** 0 fr. 50
— **L'Eglise et la République** 0 fr. 60

GUYOT (Yves), **Séparation des Eglises et de l'Etat.** — L'auteur justifie la Séparation par une revue historique très complète... 0 fr. 20

HARAUCOURT (Edmond), **Le Gorilloïde**.................... 0 fr. 50

HARDUIN (H.), du *Matin,* **Guerre à la Guerre**................ 0 fr. 50

HUGUES (Clovis), **Poésies Socialistes**.................... 0 fr. 30

KAHN (Gustave), **Odes à la Raison,** avec dessin de Jossot..... 0 fr. 60

Le Christ au Vatican, poème qui fut attribué à Victor Hugo 0 fr. 30

MARTEL (Pierre), **Le Bon Sens en face du Dogme et de la Morale** (20ᵉ mille)................. 0 fr. 30

Monita Secreta, Les Secrets des Jésuites, Instructions secrètes des Jésuites, réunies par le Père Brothier, dernier bibliothécaire des Jésuites de Paris avant la Révolution, textes latin et français 0 fr. 75

LE MÊME, traduction française seulement..................... 0 fr. 25

MOST (Jean), **La Peste religieuse** 0 fr. 15

PIGAULT-LEBRUN, **Le Citateur** 0 fr. 35

RENESSE (Comte de), **Jésus-Christ, ses Apôtres et ses Disciples au vingtième siècle**........ 0 fr. 60

SIMON (N.), **Voyage humoristique à travers les Religions et les Dogmes,** 2 vol. de 200 pages chacun, les 2 vol.................. 0 fr. 70
— **De l'Exploitation des Dogmes par le Clergé** (30ᵉ mille). 0 fr. 35
— **Sorcellerie Chrétienne** 0 fr. 35

SINCERE (Louis), **Christianisme et Libre Pensée**........ 0 fr. 75

TÉRY (Gustave), **Le Duel,** farce en 2 actes..... .... 0 fr. 50
— **La « Morale sans Dieu »** 0 fr. 50
— **Pour que nos enfants se lavent et leurs parents aussi..** 0 fr. 50

UN TÉMOIN, **Les Missions en Indo-Chine,** avec préface de FERDINAND BUISSON............ 0 fr. 50

VOLTAIRE, **Les Questions de Zapata,** traduites par le sieur Tamponet, docteur de Sorbonne, publiées avec une introduction par VICTOR CHARBONNEL, jolie édition ornée d'un portrait de Voltaire d'après Houdon 0 fr. 50

WALTER (Emmanuel), **La Libre Pensée et ses Martyrs,** Dieu, le Chaos, Raffinements de cruautés, les Bourreaux du Saint-Office, etc. 0 fr. 55

Librairie de **LA RAISON**

SOCIÉTÉ D'ÉDITIONS LITTÉRAIRES, SCIENTIFIQUES ET SOCIALES

5, place de l'Odéon, PARIS 6ᵉ

II. = VOLUMES (de 1 franc et au-dessus)

ABBÉ XXX, **Le Maudit**, roman, 3 vol. .... **10 fr. 50**
— **La Religieuse**, roman, 2 vol. **7 fr. »**
— **Le Jésuite**, roman, 2 vol. **7 fr. »**
— **Le Curé de campagne**, roman, 2 vol. .... **7 fr.. »**
— **Le Confesseur**, roman, 2 vol. **7 fr. »**
— **Le Moine**, roman, 1 vol. **7 fr. »**

ALLELUIA (R. P.), **Le Capucin enflammé**, roman illustré... **3 fr. 50**

A. AULARD, professeur à la Sorbonne **Le culte de la Raison et le culte de l'Être Suprême**, étude historique (1793-1794), 1 vol. in-12. **3 fr. 50**
— **La Révolution Française et les Congrégations** .... **3 fr. 50**

BERT (Paul), **Le Cléricalisme**, 1 vol. in-12 .... **3 fr. 50**
— **La Morale des Jésuites**, 1 vol. in-12 .... **3 fr. 50**

BERTHELOT (Marcelin), **Science et Libre Pensée**, 1 vol. in-8. **7 fr. 50**

BINET (Alfred), directeur du laboratoire de psychologie à la Sorbonne, **L'Ame et le Corps**, 1 vol. in-18 .... **3 fr. 50**

BOLSCHE (Guillaume), **Descendance de l'Homme**. — Apparition de l'homme sur la terre. — Epoque glaciaire. — Ossements humains. — Fouilles effectuées à l'île Java par le docteur Dubois. — Découverte d'ossements anthropoïdes : le Pithecanthropus. — Classification de Linné. — Parenté du sang de l'homme et du singe anthropoïde. — Identité d'origine de l'homme et du singe. — Création et évolution. — Naissance de la vie sur la terre. — Conclusion **1 fr. 50**

BONNEFON (Jean de), **Lourdes et ses Tenanciers** (documents et révélations du plus haut intérêt), 1 vol. in-12 .... **3 fr. 50**
— **Lettres Indiscrètes**, 1 vol. in-12. **3 fr. 50**
— **La Ménagerie du Vatican**, 1 vol. in-4 .... **10 fr. »**

BOUKAY (Maurice), **Chansons rouges**, illustrations de Steinlen, musique de Legay, 1 vol. in-18. **3 fr. 50**
— **Nouvelles Chansons**, préface de Sully-Prudhomme, dessins de Ballu-

riau, Ibels, Steinlen, Willette, 1 vol. in-18 .... **3 fr. 50**

BOURRIER (André), **Ceux qui s'en vont** (1895-1905), recueil des lettres de démission des prêtres évadés du clergé et de l'Eglise .... **3 fr. 50**

BRISSON (Henri), **La Congrégation** **3 fr. 50**

BUCHNER (Louis), **Force et matière**. — Immortalité de la matière. — Immortalité de la force. — Infini de la matière. — Éternité du mouvement. — Universalité des lois de la nature. — Périodes de création de la terre. — Cerveau et âme. — La pensée est une fonction du cerveau. — La conscience. — Siège de l'âme. — Dieu créé par l'homme à son image. — Impossibilité du libre arbitre. La morale opposée à la religion. **2 fr. »**

BUISSON (Ferdinand), **La Religion, la Morale, et la Science**, leur conflit dans l'éducation contemporaine. — Exposé du conflit. — Est-il possible de donner la prépondérance à la religion ? à la morale ? à la science ? de les considérer comme respectivement indépendantes ? Evolution des religions du passé à la religion de l'avenir. Conclusions, 1 vol. in-12 .... **3 fr. »**
— **Libre Pensée et Protestantisme libéral**, quatre lettres avec réponses de CHARLES WAGNER, 1 vol. in-12 **2 fr. »**

CHARBONNEL (Victor), **Jésuites Jésuitisme**, avec un dessin inédit de H.-G. IBELS et 14 dessins de maîtres .... **1 fr. »**

CHAVARD (Fortuné), **Le Célibat, le Prêtre et la Femme**, gros volume de 528 pages in-8, très documenté **5 fr. »**

DARWIN (Charles), **L'Origine des Espèces**. — Variation des espèces à l'état domestique. — Variation à l'état de nature. — La lutte pour l'existence. — Concurrence universelle. — La lutte pour l'existence est très acharnée entre les individus et les variétés de la même espèce. — La sélection naturelle ou la persistance du plus apte. — Sélection sexuelle. — Loi de la variation. — Hypothèse de la descendance. —

Objection à la sélection naturelle. — Instinct. — Conclusions, 1 vol. gr. in-8 de 622 pages......... 2 fr. 50

DIDE (A), La Fin des Religions, 1 vol. in-12............... 3 fr. 50

Éducation de la Démocratie (L'), par MM. E. LAVISSE, A. CROISET, Ch. SEIGNOBOS, P. MALAPERT, G. LANSON, J. HADAMARD, 1 vol. in-8...................... 6 fr. »

FRANCE (Anatole), Vers les Temps meilleurs, Discours civiques avec 3 portraits par Steinlen, Bellery-Desfontaines et Auguste Leroux. 3 vol. in-12...................... 1 fr. 80

FRANCE (Hector), Les Péchés de Sœur Cunégonde, roman, 1 vol. in-12...................... 2 fr. »
— **Marie Queue-de-Vache,** roman, 1 vol. in-12................... 2 fr. »

GRAND-CARTERET (John), Contre Rome (la bataille anticléricale en Europe), 282 caricatures françaises et étrangères, couverture à l'eau forte en couleurs......... 3 fr. 50

GRAVIER, L'abbé Changine, roman...................... 3 fr. 50

GUIGNEBERT (Charles), chargé de cours à la Faculté des Lettres de l'Université de Paris, **Manuel d'histoire ancienne du Christianisme** (les Origines), 1 gros vol. de 550 pages, très complet et au courant des derniers travaux sur les Origines chrétiennes....... 5 fr. »

GUINAUDEAU (B.), Les Crimes des Couvents, 1 vol. in-12 3 fr. 50

HAECKEL (Professeur Ernest). **Les Énigmes de l'Univers.** — Comment se posent les Énigmes de l'Univers. — Origine et descendance de l'Homme. — Développement de l'Univers. — Commencement et fin du monde. — Croyance et superstition. — Science et Christianisme. — Anathème du Pape contre la Science — Fautes de la morale chrétienne. — Etat, École et Église. — Solution des Énigmes de l'Univers. 2 fr. »
— **Le Monisme,** profession de foi d'un naturaliste........... 1 fr. »
— **Origine de l'Homme.** — Système des primates. — Arbre généalogique des primates. — Généalogie de l'homme. — Lamarck et Darwin. — Histoire de l'évolution humaine. — Découverte des organes de la pensée. — Loi universelle de conservation de la substance. — Le *Pithecanthropus erectus*, intermédiaire entre l'homme et le singe, découvert à l'île Java. — Durée des périodes géologiques. — Conclusions générales...................... 1 fr. »
— **Religion et Évolution.** — Théorie de la descendance et dogme de l'Église. — Parenté de l'homme avec les singes et la famille des vertébrés. — Lutte soulevée par la notion de l'âme, son immortalité et la conception de Dieu. — Laplace et le monisme. — Moïse ou Darwin. — Philosophie et doctrine de l'évolution. — Jésuites et naturalistes. — L'empereur et le pape. — Darwin et Virchow. — La religion et l'idée d'évolution 1 fr. 50
— **Les Merveilles de la vie.** — Qu'est-ce que la vérité ? — Observation et expérience. — Conception de vie. — Miracle et loi naturelle. — Immortalité de l'âme. — Vie et mort. — Causes de la mort. — Optimisme et pessimisme. — Suicide. — Sélection spartiate. — Origine de la vie. — L'inconnaissable. — Transformisme. — But de la vie. — Progrès. Mœurs et religion. — Sélection sexuelle. — Mode et pudeur. — Le papisme est une caricature du christianisme. — Justification du monisme. — Réforme de l'enseignement. 2 fr. 50

HUGO (Victor), Le Pape. 0 fr. 50

LANESSAN (J.-L. de), La Morale des Religions, 1 vol. in-8 10 fr. »
— **L'Etat et les Eglises de France,** évolution de leurs rapports, des origines à la loi de séparation, 1 vol. in-16...................... 3 fr. 50

LEA (Henri-Charles), Histoire de l'Inquisition au Moyen Age, 3 vol...................... 10 fr. 50

LE DANTEC (Félix), chargé de cours à la Sorbonne, **L'Athéisme,** 1 vol. in-12...................... 3 fr. 50

LEGUÉ (Docteur), **Les Messes noires,** 1 vol. in-12...... 3 fr. 50

Livres Secrets des Confesseurs, dévoilés aux pères de famille. 2 fr. 50

LUMET (Louis), La Fièvre, roman 1 vol. in-18....... .... 3 fr. 50